डॉ॰ राधाकृष्णन ने जीवन को कठिन तपस्या के रूप में लिया और स्वयं को इसकी आग में तपाकर कुंदन बना लिया। वे किसी राजनीतिक दल अथवा जोशीले भाषणों के बल पर दुनिया में पूजनीय नहीं हुए, बल्कि उन्होंने इस सम्मान और ऊँचाइयों को अपनी योग्यता के बल पर प्राप्त किया। वे प्रसिद्धि के उस शिखर पर जा पहुँचे, जहाँ विरले ही पहुँचते हैं।

वे जहाँ भी रहे, अपने देश की परम्पराओं से सदैव जुड़े रहे। उनका खान-पान, रहन-सहन, पहनावा आदि सभी कुछ सादगी का परिचायक था। उनका जीवन एक शिक्षक के रूप में आरंभ हुआ था, लेकिन अपनी बौद्धिकता और योग्यता के बल पर उन्होंने एक महान् दार्शनिक और लेखक के रूप में ख्याति अर्जित की।

डॉ० सर्वपल्ली राधाकृष्णन

हरीश शर्मा
प्रवीन भल्ला

डायमंड बुक्स

प्रकाशक : **डायमंड पॉकेट बुक्स (प्रा.) लि.**
X-30 ओखला इंडस्ट्रियल एरिया, फेज-II
नई दिल्ली-110020
फोन : 011-40712200
ई-मेल : sales@dpb.in
वेबसाइट : www.diamondbook.in
मुद्रक :

Dr. Sarvepalli Radha Krishanan
By : Harish Dutt Sharma

लेखकीय

डॉ० सर्वपल्ली राधाकृष्णन का नाम आते ही एक महान् दार्शनिक, शिक्षक, विचारक और बुद्धिजीवी की छवि उभरकर सामने आती है। सदैव साधारण से परिधान में लिपटा रहने वाला एक महान् व्यक्तित्व!

सदियों से भारत में किसी न किसी युगपुरुष के जन्म लेने की परम्परा चली आ रही है। इन महापुरुषों की श्रृंखला बहुत बड़ी है। इसी श्रृंखला की एक महत्त्वपूर्ण कड़ी हैं—डॉ० सर्वपल्ली राधाकृष्णन। एक शिक्षक होने के बाद भी संपूर्ण विश्व पर प्रभुत्त्व! संपूर्ण विश्व पर प्रभुत्त्व होने के बाद भी एक शिक्षक! शायद उनकी यही पहचान थी।

एक निर्धन ब्राह्मण परिवार में जन्मे डॉ० राधाकृष्णन ने अपना संपूर्ण जीवन एक शिक्षक के रूप में व्यतीत किया। उन्होंने कभी विद्यार्थियों को शिक्षित किया, कभी संकीर्ण मानसिकता वाले लोगों को, कभी ईसाई मिशनरीज़ चलाने वाले विद्वानों को तो कभी संपूर्ण विश्व को। विचारक, दार्शनिक, बुद्धिजीवी, लेखक—उनके अनेक रूप दिखाई दिए, लेकिन उनका एकमात्र लक्ष्य व एकमात्र कार्य विश्व को, समाज को शिक्षित करना रहा। कभी विचारक बनकर अपने विचारों से जनमानस को उद्वेलित किया तो कभी दार्शनिकता का भाव दिखाते हुए उन्हें यथार्थ के दर्शन करवाएँ। कभी बौद्धिकता के स्तर पर विश्व को नतमस्तक किया तो कभी लेखक बनकर समाज का मार्गदर्शन किया।

डॉ० राधाकृष्णन साधारण जीवन और उच्च विचार की शैली का अनुसरण करते थे। उनके रहन-सहन, पहनावे इत्यादि को देखकर कोई भी इस बात का अनुमान नहीं लगा सकता था कि वे भारतीय धर्म और दर्शन को विश्वभर में

स्थापित करने वाले महान् दार्शनिक हैं। वे एक ऐसे महापुरुष थे जिनकी कथनी और करनी में बाल बराबर भी अंतर नहीं था। वे जो कहते थे, उसे किसी भी कसौटी पर परखने के लिए सदैव तत्पर रहते थे।

'हिंदू धर्म कमियों का संग्रह है। इसे विश्व का सर्वश्रेष्ठ दर्शन नहीं कहा जा सकता'—प्रोफेसर हॉग के कहे गए इन शब्दों को ही चुनौती मानकर मात्र बीस वर्ष की अल्पायु में डॉ॰ राधाकृष्णन ने 'विद एथिक्स ऑफ द वेदांत एंड इट्स मेटाफिजिकल प्रोसपोजीशंस' नामक शोध लिख डाला। उनका यह शोध न केवल भारत में, बल्कि पश्चिमी देशों में भी प्रसिद्ध हुआ। इसी के आधार पर भारतीय दर्शन को एम॰ए॰ की तत्कालीन शिक्षा-प्रणाली तथा बाद में विश्वदर्शन में सर्वोच्च स्थान प्राप्त हुआ।

चाहे आंध्र विश्वविद्यालय की राजनीतिक समस्याएँ हों, चाहे हिंदू विश्वविद्यालय की शोचनीय आर्थिक दशा—प्रत्येक स्थिति में वे स्वयं आगे बढ़े और लोगों का नेतृत्त्व करते हुए कठिनाइयों का डटकर सामना करते रहें। समकालीन विद्वानों और विचारकों की दृष्टि में डॉ॰ राधाकृष्णन ऐसी पारस-मणि की भाँति थे, जिसके स्पर्शमात्र से मूर्ख भी विद्वत्ता की चरम सीमा को छू जाता था। उन्होंने कभी भी परिस्थितियों को स्वयं पर हावी नहीं होने दिया, बल्कि दृढ़ता और सहनशीलता से उनका शमन किया।

जीवन के अनगिनत उतार-चढ़ावों को झेलते हुए डॉ॰ राधाकृष्णन निरंतर आगे बढ़ते गए। ऐसे महापुरुष के विराट् व्यक्तित्व को पुस्तक रूप में समेटना असंभव कार्य है। फिर भी उनके संपूर्ण जीवन की आभा को इस पुस्तक में समेटने का विलक्षण प्रयास किया गया है। डॉ॰ राधाकृष्णन का जीवन केवल तत्कालीन समाज के लिए नहीं, बल्कि आगे आने वाली पीढ़ियों के लिए भी प्रेरणा का स्रोत है।

आशा है, यह पुस्तक लोगों की प्रेरणा का स्रोत बनकर सदैव उनका मार्गदर्शन करती रहेगी।

—लेखक

विषय-सूची

अध्याय 1

जीवन परिचय

पूरा नाम	:	डॉ॰ सर्वपल्ली राधाकृष्णन
जन्मतिथि	:	05 सितंबर, 1888
जन्म स्थान	:	चित्तूर, तिरुतनी
पिता का नाम	:	श्री सर्वपल्ली वीरा स़्वामी
माता का नाम	:	श्रीमती सीताम्मा
विवाह	:	1903 में शिवकामू देवी के साथ।
संतान	:	पाँच पुत्रियाँ और दो पुत्र। इनमें से एक पुत्र मात्र 10-12 दिन की अवस्था में ही चल बसा था।
शिक्षा	:	1909 में मद्रास (चेन्नई) के क्रिश्चियन कॉलेज से प्रथम श्रेणी में एम॰ए॰। साथ ही शिक्षण के क्षेत्र में डिप्लोमा।
भाषा	:	मातृभाषा तेलुगु , परंतु अंग्रेजी, फ्रेंच, तमिल, संस्कृत, बाँग्ला, हिन्दी आदि भाषाओं पर भी गहरी पकड़। वे इन भाषाओं को धाराप्रवाह में बोल सकते थे।
अन्य उपलब्धियाँ		
वर्ष 1909	:	मद्रास (चेन्नई) प्रेसीडेंसी कॉलेज में दर्शनशास्त्र के सहायक प्राध्यापक नियुक्त।
वर्ष 1918	:	मैसूर के विश्वविद्यालय में दर्शनशास्त्र के प्राध्यापक नियुक्त।

वर्ष 1921	:	कलकत्ता विश्वविद्यालय में दर्शनशास्त्र के प्राध्यापक नियुक्त।
वर्ष 1926	:	लंदन में आयोजित ब्रिटिश साम्राज्यीय विश्वविद्यालय कांग्रेस की सभा में कलकत्ता विश्वविद्यालय का प्रतिनिधित्व।
वर्ष 1930	:	ऑल इंडिया एजुकेशनल कांफ्रेंस के सभापति।
वर्ष 1931	:	आंध्र विश्वविद्यालय के उपकुलपति।
वर्ष 1936	:	लंदन के ऑक्सफोर्ड विश्वविद्यालय में 'ईस्टर्न रिलीजियंस एंड एथिक्स' के प्राध्यापक।
वर्ष 1939	:	बनारस विश्वविद्यालय के उपकुलपति। इसी वर्ष ब्रिटिश एकादमी फैलो के रूप में चयनित।
वर्ष 1948	:	यूनेस्को ऐग्जैक्टिव बोर्ड के अध्यक्ष। इसी वर्ष भारत सरकार द्वारा गठित विश्वविद्यालय आयोग के अध्यक्ष बने।
वर्ष 1949	:	भारतीय राजदूत के रूप में सोवियत संघ की यात्रा।
वर्ष 1952	:	स्वतंत्र भारत के प्रथम उपराष्ट्रपति।
वर्ष 1953	:	दिल्ली विश्वविद्यालय के उपकुलपति।
वर्ष 1962	:	इस वर्ष आप भारत के प्रथम नागरिक अर्थात् राष्ट्रपति चुने गए।
वर्ष 1975	:	17 अप्रैल को मद्रास में इनका निधन।

अध्याय 2

जीवन-यात्रा

5 सितंबर 1888; मद्रास से 200 कि॰मी॰ की दूरी पर स्थित तिरुतनी नामक गाँव में रहने वाले एक निर्धन ब्राह्मण श्री सर्वपल्ली वीरा स्वामी की पत्नी सीताम्मा ने अपने द्वितीय पुत्र को जन्म दिया। बालक की किलकारियों के साथ ही मंदिर में घंटे-घड़ियाल बजने आरंभ हो गए। चूँकि परिवार की भगवान् कृष्ण और राधा में अगाध आस्था थी, अतएव उसका नाम 'राधाकृष्णन' रखा गया। यही बालक आगे चलकर डॉ॰ सर्वपल्ली राधाकृष्णन के नाम से विख्यात हुआ। उनके बारे में जानने से पूर्व उनकी पारिवारिक पृष्ठभूमि पर एक दृष्टि डालना तर्कसंगत होगा।

पारिवारिक पृष्ठभूमि

डॉ॰ राधाकृष्णन का पुश्तैनी गाँव सर्वपल्ली था। इसलिए उनके परिवार के सदस्य अपने नाम से पूर्व 'सर्वपल्ली' जोड़ते थे। अठारहवीं शताब्दी में इनके पूर्वज सपरिवार दक्षिण भारत के आर्कोट नामक ज़िले में स्थित तिरुतनी नामक गाँव में आकर बस गए।

परिवार में राधाकृष्णन के अतिरिक्त चार संतानें और भी थीं। इनमें तीन पुत्र और एक पुत्री थी। सात सदस्यों का परिवार और आमदनी नगण्य। परिवार की आर्थिक स्थिति बड़ी दयनीय थी; धनाभाव स्पष्ट दृष्टिगोचर होता था। राधाकृष्णन के पिता, तिरुतनी के एक जमींदार के पास अथक परिश्रम करते हुए जैसे-तैसे परिवार का भरण-पोषण करते थे। 'किसी भी तरह परिवार की आवश्यकताएँ पूर्ण हों'—उनके जीवन का यही एकमात्र ध्येय था।

राधाकृष्णन की माता धार्मिक प्रवृत्ति की महिला थी। इसलिए घर में सात्विक और धार्मिक वातावरण था, जिसका राधाकृष्णन पर बहुत गहरा प्रभाव पड़ा। धार्मिक संस्कार उनमें कूट-कूटकर भरे हुए थे। प्रतिदिन घर में होने वाले धार्मिक कृत्य राधाकृष्णन की नींव मज़बूत कर रहे थे। बाल्यकाल से ही उन्हें श्रेष्ठ संस्कारों और विचारों से युक्त वातावरण मिला, जो उनके दार्शनिक स्वभाव के लिए अत्यंत महत्त्वपूर्ण सिद्ध हुआ। वस्तुत: यहीं से वे एक साधारण बालक से एक महापुरुष बनने की ओर अग्रसर हुए।

धार्मिक शिक्षा

चूँकि राधाकृष्णन एक ब्राह्मण परिवार से सम्बद्ध थे और ब्राह्मण के लिए धार्मिक शिक्षा अनिवार्य थी, अतएव सर्वप्रथम उन्हें धार्मिक शिक्षा देने का निश्चय किया गया। जब वे पढ़ने-लिखने योग्य हुए तो प्रारंभिक शिक्षा हेतु उन्हें तिरुपति में स्थित एक धार्मिक संस्था में भेजा गया। इस संस्था में दूर-दूर से अनेक विद्यार्थी शिक्षा ग्रहण करने आते थे। राधाकृष्णन ने चार वर्ष तक वहाँ रहकर विधिवत् वैदिक शिक्षा-दीक्षा ग्रहण की।

कहा जाता है कि प्रारंभिक शिक्षा व्यक्ति के लिए बीज का कार्य करती है। प्रारंभिक ज्ञान ही मनुष्य के जीवन को एक लक्ष्य, एक आदर्श, एक आकार, एक दिशा देता है। प्रारंभिक शिक्षा ने राधाकृष्णन में एक ऐसे बीज का रोपण किया जो उनकी मृत्यु के उपरांत उन्हें अमर कर गया। उनके दार्शनिक विचारों और भावों का जन्मदाता उनके प्रारंभिक अध्ययन को माना जा सकता है। विद्यार्जन के प्रति उनमें विशेष उत्साह और लगाव था। किसी भी गूढ़ अध्याय को बड़ी सरलता व गहराई से समझना और फिर उसका मर्म सरल शब्दों में प्रस्तुत कर देना उनकी विशेषता थी। उनकी लगन और पढ़ाई के प्रति रुझान को देखकर गुरुजन प्रसन्न थे। उन्हें विश्वास हो गया था कि एक दिन यह बालक संसार में अपनी एक अलग और विशिष्ट पहचान अवश्य बनाएगा। नि:संदेह राधाकृष्णन ने उनके इस विश्वास को यथार्थ के धरातल पर मूर्त रूप में प्रतिष्ठित किया।

मिशनरीज़ स्कूल में प्रवेश

यह वह समय था जब भारत में ब्रिटिश साम्राज्य स्थापित था; चारों ओर ब्रिटिश संस्कृति, धर्म एवं भाषा का प्रभाव स्पष्ट दृष्टिगोचर होता था। इसी के

चलते भारत में क्रिश्चियन मिशनरीज़ अपने पैर पसारने लगी थी। विभिन्न स्थानों पर मिशनरीज़ विद्यालय खुले हुए थे जो लोगों को अंग्रेजी शिक्षा द्वारा ईसाई सभ्यता, संस्कृति एवं धर्म की ओर आकृष्ट कर रहे थे। उस समय मिशनरीज़ स्कूल उच्च शिक्षा के स्रोत थे। उच्च शिक्षा की इच्छा रखने वाले विद्यार्थियों को इन स्कूलों में दाखिला लेना पड़ता था। अतएव प्रारंभिक शिक्षा के उपरांत उच्च शिक्षा हेतु राधाकृष्ण ने 'हरमंसबर्ग इवेजिंकल लूथरन मिशन स्कूल' नामक एक मिशनरीज़ विद्यालय में दाखिला लिया। यहाँ उनका साक्षात्कार ईसाई संस्कृति से हुआ। यद्यपि बचपन से ही भारतीय संस्कृति से ओत-प्रोत रहे राधाकृष्णन के लिए यह एक बड़े परिवर्तन से कम नहीं था, तथापि वे विचलित नहीं हुए तथा सहज ढंग से विद्यार्जन करने लगे।

राधाकृष्णन तीव्र बुद्धि के स्वामी, प्रतिभासंपन्न तथा लगनशील थे। उन्होंने मात्र आठ वर्ष की आयु में ही संपूर्ण बाइबिल कंठस्थ कर ली, जिससे वे सभी अध्यापकों के प्रिय बन गए। योग्यता और प्रतिभा के बल पर शीघ्र ही उन्हें छात्रवृत्ति मिलनी आरंभ हो गई। इस प्रकार अध्ययन करते हुए चार वर्ष बीत गए।

अनेक गुणों से युक्त राधाकृष्णन में एक और विशेषता थी। अन्य विद्यार्थियों की तरह वे अपना समय खेलकूद में नहीं गँवाते थे, अपितु रिक्त समय मिलते ही कोई न कोई पुस्तक लेकर अध्ययन में लग जाते। किंतु इसका तात्पर्य यह नहीं था कि वे इन रुचियों से पूर्णत: विरक्त थे, परंतु अध्ययन उनके लिए सर्वोपरि था। उन्हें शब्दों से खेलने में आनंद आता था। वे व्यंग्यात्मक तर्कों से विद्यार्थियों पर कटाक्ष करके मजा लेते थे।

बाइबिल में महारत्

राधाकृष्णन के परिवार की आर्थिक दशा दयनीय थी। उनकी शिक्षा-दीक्षा का खर्चा बड़ी कठिनाई से निकल पाता था। ऐसी स्थिति में छात्रवृत्ति मिलने से राधाकृष्णन के लिए आगे और विद्यार्जन करने की राहें खुल गईं। मिशनरीज़ स्कूल में चार वर्ष तक शिक्षा ग्रहण करने के बाद सन् 1900 में वे अपने चाचा के पास वेल्लूर आ गए। वहाँ उन्होंने 'एलिज़ाबेथ रोडमन वूरही कॉलेज' में प्रवेश लिया। यह कॉलेज अमेरिका की संस्था 'अमेरिकन ऐरोट मिशन ऑफ दि रिफार्म्ड चर्च' द्वारा संचालित था। यहाँ अध्ययन करते हुए वे ईसाई मिशनरीज़ के कार्यों से भलो-भाँति परिचित हुए।

धर्मांतरण के लिए यह कॉलेज सामाजिक कार्य; जैसे—मुफ्त शिक्षा देना, स्वास्थ्य-संबंधी सुविधाएँ उपलब्ध करवाना इत्यादि; करता था। राधाकृष्णन ने ईसाई धर्म का गहनता से अध्ययन कर उसकी समस्त अच्छाइयों को अंगीकार किया। वे स्वयं भी निःस्वार्थ भाव से कॉलेज द्वारा संचालित सामाजिक कार्यों में बढ़-चढ़कर भाग लेते थे। यहीं से उनके मन में समाज के उत्थान और विकास की भावना का बीजारोपण हुआ। वे स्वस्थ, सबल, विकसित और शिक्षित समाज की परिकल्पना करने लगे तथा इसके लिए हर संभव प्रयत्न करने का निश्चय किया।

इस कॉलेज में राधाकृष्णन ने दो वर्ष तक अध्ययन किया। इस दौरान उन्होंने स्कूली शिक्षा के साथ-साथ सामाजिक शिक्षा भी ग्रहण की। उन्होंने बाइबिल की शिक्षाओं को न केवल पढ़ा, बल्कि उससे संबंधित अच्छाइयों को जीवन में उतारा भी। बाइबिल में विशेष योग्यता प्राप्त करने के कारण उन्हें प्रशस्ति पत्र भी प्राप्त हुआ। साथ ही उनकी छात्रवृत्ति में भी वृद्धि हुई।

वर्ष 1904 में राधाकृष्णन ने इंटरमीडिएट की शिक्षा प्रथम श्रेणी में उत्तीर्ण की।

दार्शनिकता की नींव

चूँकि केवल छात्रवृत्ति ही राधाकृष्णन के विद्यार्जन का एकमात्र साधन था, इसलिए वे कम खर्च में अधिक से अधिक ज्ञान प्राप्त करना चाहते थे। उनके चचेरे भाई ने उन्हीं दिनों दर्शनशास्त्र में स्नातक की उपाधि प्राप्त की थी। उनकी सारी पुस्तकें राधाकृष्णन के काम आ सकती थीं। इससे न केवल पुस्तकों को खरीदने का खर्चा बचता, बल्कि भाई के रूप में दर्शनशास्त्र का एक अच्छा गुरु भी उन्हें मिल जाता। साथ ही दर्शनशास्त्र उनका प्रिय विषय था, इसलिए उन्होंने दर्शनशास्त्र में स्नातक करने का निश्चय कर लिया। तदंतर स्नातक की उपाधि प्राप्त करने के लिए उन्होंने 'मद्रास क्रिश्चियन कॉलेज' में प्रवेश लिया। उन दिनों मद्रास क्रिश्चियन कॉलेज देश के प्रसिद्ध कॉलेज में से एक था। दूर-दूर से अनेक प्रतिभावान और योग्य विद्यार्थी यहाँ विद्यार्जन के लिए आते थे। राधाकृष्णन ने लगन और परिश्रम द्वारा कॉलेज में छात्रवृत्ति प्राप्त कर अपनी योग्यता सिद्ध की। शीघ्र ही वे सभी प्राध्यापकों के प्रिय विद्यार्थी बन गए।

दर्शनशास्त्र का अध्ययन करते हुए राधाकृष्णन की रुचि अध्यात्म की ओर बढ़ने लगी। इसके फलस्वरूप वे एकांतप्रिय हो गए। मनन और चिंतन—दोनों ही

उनके एकांत के सहपाठी थे। वे अक्सर आँखें बंद करके चिंतन में डूब जाते थे। इस प्रकार उनका अधिक-से-अधिक ध्यान और समय विद्यार्जन की ओर ही लगा रहा। यही एकाग्रचित्तता उन्हें एक महान दार्शनिक बनने की ओर अग्रसर कर रही थी।

उन्हीं दिनों संपूर्ण देश क्रांति की ज्वाला से धधक रहा था। स्थान-स्थान पर अनेक आंदोलन हो रहे थे। प्रत्येक भारतवासी के हृदय में स्वतंत्रता-प्राप्ति की लौ जल चुकी थी। स्वतंत्रता-सेनानियों के आह्वान पर युवक स्वयं को इस अग्नि में भस्म करने के लिए उद्यत हो रहे थे। ऐसे समय में राधाकृष्णन का युवा मन भी देश के लिए बहुत कुछ करना चाहता था, लेकिन परिवार की दयनीय स्थिति के चलते नौकरी प्राप्त करना उनके लिए आवश्यक था। अतः वे अपने मन को नियंत्रित कर अध्ययन में जुटे रहे।

मद्रास का क्रिश्चियन कॉलेज विद्वान प्रोफेसरों के कारण प्रसिद्ध था। विश्व-प्रसिद्ध समाजशास्त्री एवं समाज सेवक विलियम मिलर कॉलेज में अंग्रेजी के प्राध्यापक थे। उनके पढ़ाने का तरीका इतना सहज, सरल और रुचिपूर्ण था कि विद्यार्थी अध्ययन करते हुए उसमें खो जाते थे। राधाकृष्णन भी उनसे बहुत प्रभावित थे। उन्होंने उनसे न केवल अंग्रेजी की बारीकियाँ सीखीं, बल्कि उनके गुणों को भी ग्रहण किया। दर्शनशास्त्र के प्रोफेसर विलियम स्नेकर का भी राधाकृष्णन के जीवन पर गहरा प्रभाव पड़ा। उनके दार्शनिक विचार राधाकृष्णन को आरंभ से ही आकृष्ट करते थे। वे उनसे इतने प्रभावित थे कि उन्होंने स्वयं की लिखी एक पुस्तक प्रोफेसर स्नेकर को समर्पित की। इसके अतिरिक्त ए०जी० हॉग्स उनके प्रिय दार्शनिकों में से एक थे। उनकी व्याख्याएँ पढ़ना उन्हें विशेष रुचिकर लगता था।

सभी प्राध्यापकों की आशाओं के अनुरूप वर्ष 1906 में राधाकृष्णन ने स्नातक की परीक्षा प्रथम श्रेणी में उत्तीर्ण कर स्वयं को कॉलेज का सर्वश्रेष्ठ छात्र सिद्ध किया।

कानून के बदले दर्शन

अब तक राधाकृष्णन को पढ़ने की ललक लग चुकी थी। वे भोजन के बिना तो रह सकते थे लेकिन बिना पढ़े उन्हें चैन नहीं मिलता था। वे आगे पढ़ने का निश्चय कर चुके थे। उन दिनों कानून की पढ़ाई सर्वोच्च सम्मान और धनार्जन

का साधन समझी जाती थी। कानून की पढ़ाई करने के बाद व्यक्ति न केवल उच्च पद पर प्रतिष्ठित होता था, बल्कि सम्मान का पात्र भी बनतां था। राधाकृष्णन भी कानून की पढ़ाई करना चाहते थे, लेकिन उनके सामने अनेक समस्याएँ खड़ी हो गईं। एक ओर जहाँ धन का अभाव था, वहीं दूसरी ओर परिवार के भरण-पोषण की ज़िम्मेदारी। उनके पिता सेवामुक्त होकर परिवारसहित उनके पास आ गए थे। इससे उनकी ज़िम्मेदारी और बढ़ गई।

परिवार और भाइयों की पढ़ाई के खर्चे उनकी पढ़ाई में अवरोध उत्पन्न कर रहे थे। ऐसी स्थिति में कानून की पढ़ाई करना असंभव था। लेकिन विद्यार्जन की लालसा के चलते राधाकृष्णन आगे पढ़ना चाहते थे। अत: बहुत सोच-विचार के बाद उन्होंने कानून की पढ़ाई के स्थान पर दर्शनशास्त्र में एम॰ए॰ करने का निश्चय कर लिया। इसके लिए उन्होंने क्रिश्चियन कॉलेज में प्रवेश लिया। तदंतर योग्यता के आधार पर उन्हें प्रतिमाह 25 रुपए छात्रवृत्ति के रूप में मिलने लगे जो पर्याप्त नहीं थे तो कम भी नहीं थे। साथ ही वे विद्यार्थियों को घर-घर जाकर ट्यूशन देने लगे। इससे उनकी आमदनी में थोड़ी बहुत बढ़ोतरी हुई जो उनकी ज़िम्मेदारियों को कुछ हद तक कम करने में सहायक सिद्ध हुई।

हिंदू दर्शन को मान्यता

एक बार ए॰जी॰ हॉग ने हिन्दू धर्म के विषय में अपने विचार रखते हुए कहा था—''हिन्दू धर्म के बलहीन होने का प्रमुख कारण है—वर्तमान में कर्म छोड़कर परलोक की बात करना तथा परलोक सुधारने के लिए ईश्वर की शक्ति में अटूट विश्वास करना है। इसके अतिरिक्त ईश्वर पर सबकुछ छोड़ देना तथा स्वयं कुछ भी प्रयास न करने की मानसिकता भी एक अन्य बड़ा कारण है। यदि स्वयं का प्रयास सम्मिलित नहीं होगा तो ईश्वर भी कैसे साथ दे सकता है? जबकि हिन्दू कर्मों से विरक्त होकर ईश्वर पर निर्भर हो जाते हैं।''

'हिन्दू दर्शन कमियों का संग्रह है। इसे विश्व का सर्वश्रेष्ठ दर्शन नहीं कहा जा सकता।'—प्रो॰ हॉग के इन शब्दों ने राधाकृष्णन को विचलित कर दिया। एक हिन्दू होकर वे वेदांत और हिन्दू धर्म की आलोचना कैसे सुन सकते थे। वे प्रो॰ हॉग से पूर्णत: असहमत थे, परंतु अपने विचारों को प्रकट करने से पूर्व वे स्वयं एक समीक्षक की दृष्टि से वेदांत और हिन्दू धर्म के दर्शन का गहन अध्ययन करना चाहते थे। इसके लिए उन्होंने प्रसिद्ध लेखक विल्वर निट्ज की 'स्टडी ऑफ द भगवदगीता', वारनेट की 'हिंदुइज़्म' तथा भारतीय लेखक स्वामी अभेदानंद

द्वारा लिखित पुस्तक 'थ्री लेक्चर्स ऑन द रिलीज़न ऑफ द वेदांत' का अध्ययन किया।

उन्होंने 'विद एथिक्स ऑफ द वेदांत एंड इट्स मेटाफिजिकल प्रोसपोजीशंस' नामक शोध तैयार कर मद्रास विश्वविद्यालय के संचालकों के समक्ष प्रस्तुत किया। इस शोध पत्र द्वारा उन्होंने सिद्ध किया कि हिन्दू दर्शन विश्व का सर्वश्रेष्ठ दर्शन है। कुछ लोगों ने अपने स्वार्थों के कारण लोगों के समक्ष भारतीय दर्शन की गलत व्याख्या प्रस्तुत की। उसी के कारण हिन्दुओं में अनेक कमियाँ उभर आईं। लेकिन इसका तात्पर्य यह नहीं है कि हिन्दू दर्शन में कमियाँ हैं। उसमें तो समस्त जीवों में एक परम तत्त्व होने की बात कर भाईचारे की भावना को स्थापित किया गया है; लोगों को प्रेमपूर्वक और शांति से रहने का संदेश दिया गया है।

उन्होंने अपने शोध पत्र में पश्चिमी दर्शन की आलोचना करते हुए ईसा मसीह द्वारा स्थापित कुछ सिद्धांतों को पूर्ण रूप से नकार दिया। उन्होंने यह भी सिद्ध किया कि जिस समय भारतीय मनीषी (विद्वान) भारतीय दर्शन को स्थापित कर रहे थे, उस समय पश्चिमी लोगों की कोई सभ्यता और संस्कृति नहीं थी। वे कच्चा मांस खाते थे तथा पशुवत व्यवहार करते थे। भारतीय मनीषी सभ्यता और संस्कृति में उनसे बहुत आगे थे। इसलिए भारतीय दर्शन विश्व का सर्वश्रेष्ठ दर्शन है।

जिस समय राधाकृष्णन ने अपना शोध प्रस्तुत किया था, उस समय देश में क्रिश्चियन मिशनरियों का बोलबाला था। वे पूरे जोश से ईसाई धर्म का प्रचार-प्रसार कर रहे थे। ऐसे में ईसाई धर्म की कमियों का उजागर करना बड़े साहस का कार्य था। राधाकृष्णन को यह बात भली-भाँति ज्ञात थी कि उनका यह शोध आग लगाने का कार्य कर सकता है और निश्चित ही ऐसी स्थिति में उनका शोध व्यर्थ जा सकता है।

परंतु प्रो० हॉग एक सुलझे विचारों वाले व्यक्ति थे। वे राधाकृष्णन की प्रतिभा को पहचानते थे। इसलिए जब राधाकृष्णन ने उन्हें अपना शोध पढ़ाया तो वे उससे अत्यंत प्रभावित हुए। उन्होंने शोध को दर्शनशास्त्र के पाठ्यक्रम में सम्मिलित करवाने का वचन दिया। तदंतर उन्होंने अपने मित्रों के सहयोग से इस शोध को पुस्तक रूप में प्रकाशित करवाया तथा कॉलेज की कार्यकारिणी के समक्ष इसे एम०ए० के विषयों में सम्मिलित करने का विचार रखा।

शोध का पुस्तक रूप में प्रकाशन राधाकृष्णन के लिए वरदान सिद्ध हुआ। उनके इस शोध की सब जगह प्रशंसा हुई। साथ ही साथ कॉलेज की कार्यकारिणी ने इसे एम०ए० के विषयों में सम्मिलित कर लिया। इस प्रकार राधाकृष्णन के अथक परिश्रम के बाद भारतीय दर्शन को सम्मानपूर्ण स्थान प्राप्त हुआ।

ईसाई होते हुए भी प्रो० हॉग ने सत्यता को स्वीकार कर राधाकृष्णन का भरपूर साथ दिया और भारतीय दर्शन को मान्यता दिलवाने में महत्त्वपूर्ण योगदान दिया। यह गुण उनकी महानता को स्पष्ट करता है। उनकी यही महानता राधाकृष्णन को उनके और निकट ले आई। अब वे दर्शन पर परस्पर घंटों विचार-विमर्श करने लगे। राधाकृष्णन के लिए यह समय दर्शन के गूढ़ ज्ञान को ग्रहण करने वाला रहा।

वर्ष 1909 में राधाकृष्णन ने एम०ए० की परीक्षा प्रथम श्रेणी में उत्तीर्ण की।

अध्याय 3

विवाह एवं पारिवारिक ज़िम्मेदारियाँ

भारतीय संस्कृति में विवाह सामाजिक जीवन का एक आवश्यक संस्कार है। कुछ लोग इसे बंधन मानते हैं, परंतु कुछ इसे जीवन का अत्यंत महत्त्वपूर्ण संस्कार मानते हैं। सत्य है कि यदि पति-पत्नी में आपसी तालमेल हो; आपसी विचारों को दोनों की पूर्ण सहमति से लागू किया जाए; अहम् का बीच में कोई स्थान न हो तो वास्तव में विवाह एक संस्कार है। परंतु यदि आपसी तालमेल की कमी हो अथवा विचारों में भिन्नता हो तो विवाह एक बंधन से अधिक कुछ नहीं रह जाता। ऐसी स्थिति में टकराव अथवा अलगाव उत्पन्न हो जाता है। राधाकृष्णन ने कभी भी विवाह को बंधन नहीं माना। उन्होंने इसे बड़ी ही सहजता एवं स्वाभाविक ज़िम्मेदारी से निभाया।

राधाकृष्णन का विवाह वर्ष 1903 में हुआ। इनकी पत्नी का नाम शिवकामू देवी था। विवाह के समय राधाकृष्णन की आयु मात्र 16 वर्ष तथा इनकी पत्नी की आयु 10 वर्ष थी। शिवकामू देवी न तो अधिक पढ़ी लिखी थीं और न ही अधिक संपन्न परिवार से संबद्ध थीं। उनके पिता एक स्टेशन मास्टर थे जो उनकी बाल्य अवस्था में ही स्वर्ग सिधार गए थे। इस प्रकार उनके परिवार की दशा भी राधाकृष्णन की पारिवारिक स्थिति से बेहतर नहीं थी।

यद्यपि राधाकृष्णन का विवाह 1903 में हुआ था, तथापि उनका वैवाहिक जीवन 3 वर्ष के पश्चात् वर्ष 1906 में आरंभ हुआ। वर्ष 1908 में शिवकामू देवी ने सर्वप्रथम एक पुत्री को जन्म दिया। तदंतर इनकी छह संतानें और हुईं जिनमें चार पुत्रियाँ और दो पुत्र थे। इनमें से एक पुत्र मात्र 10-12 दिन की अवस्था में ही चल बसा था।

यद्यपि शिवकामू देवी अधिक पढ़ी-लिखी नहीं थीं, तथापि भारतीय संस्कार उनमें कूट-कूटकर भरे हुए थे। सौम्यता, सरलता, स्पष्टवादिता, संकोची, मितव्ययी, सहनशीलता आदि गुणों से वे परिपूर्ण थीं। थोड़े से ही में घर-परिवार का पोषण उन्हें भली-भाँति आता था। उन्होंने न तो कभी किसी वस्तु की लालसा की और न ही कभी हठ करके पति को कोई अनुचित माँग पूर्ण करने के लिए बाध्य किया। यहाँ तक कि वे भ्रमण से भी परहेज़ करती थीं। जबकि राधाकृष्णन स्वयं भ्रमण-प्रिय थे। नए-नए स्थानों पर जाना उन्हें बहुत रुचिकर लगता था। वे भी पत्नी की आदतों और उनकी समझ का पूर्ण सम्मान करते थे। इस प्रकार दोनों के मध्य आपसी तालमेल तथा पूर्ण सहयोग का भाव था। दोनों एक-दूसरे को भली-भाँति समझते थे।

पारिवारिक दायित्वों का बोझ

राधाकृष्णन एक कर्त्तव्यनिष्ठ तथा पारिवारिक दायित्वों को पूरी ज़िम्मेदारी से निभाने वाले व्यक्ति थे। पढ़-लिखकर एक अच्छी-सी नौकरी प्राप्त करना और परिवार की आर्थिक स्थिति को सुधारना—यही उनके जीवन का एकमात्र लक्ष्य था। इसी के चलते अपनी इच्छाओं को दबाते हुए वे अपने परिवार की ज़िम्मेदारी से कभी पीछे नहीं हटे।

मद्रास कॉलेज से एम॰ए॰ करने के बाद अब वे लंदन की ऑक्सफोर्ड यूनिवर्सिटी से दर्शनशास्त्र की उच्च शिक्षा प्राप्त करना चाहते थे। परंतु पारिवारिक समस्याएँ उनके मार्ग में बाधाओं की तरह खड़ी थीं। अब पत्नी एवं बच्चों के अतिरिक्त माता-पिता और भाइयों का दायित्व भी उन्हीं के कंधों पर था। अत: उन्होंने अपनी इच्छा को दबा लिया और नौकरी करने का निश्चय कर लिया।

नौकरी की तलाश में उन्होंने बहुत हाथ-पैर मारे, परंतु प्रथम श्रेणी में एम॰ए॰ की परीक्षा उत्तीर्ण करने वाले इस मेधावी युवक के हाथ केवल निराशा ही लगी। कई दिन बीत गए, परंतु कहीं से भी आशाजनक जवाब नहीं मिला। ऐसी स्थिति में उन्हें प्रो॰ स्नेकर का स्मरण हो आया। वे उसी दिन उनके पास गए और सारी स्थिति स्पष्ट करते हुए उनसे सहायता की प्रार्थना की।

प्रो॰ स्नेकर एक सुलझे हुए विद्वान थे। एक होनहार छात्र को ऐसी दयनीय स्थिति में देखकर उनका मन भर आया। उन्होंने राधाकृष्णन की सहायता करने का निश्चय कर उन्हें मद्रास शिक्षा विभाग के पब्लिक इंस्ट्रक्शन के निदेशक के पास भेजा। उन्होंने बिना किसी साक्षात्कार के उन्हें सब इंस्पेक्टर ऑफ स्कूल्स के पद पर नियुक्त कर दिया।

राधाकृष्णन की यह प्रथम नौकरी थी। यद्यपि यह नौकरी स्थाई नहीं थी; उन्हें प्रतिदिन दूर आना-जाना पड़ता था, तथापि परिवार की ज़िम्मेदारियों के सम्मुख ये परेशानियाँ महत्त्वहीन थीं। वे पूरे जोश के साथ काम में जुट गए।

राधाकृष्णन अथक परिश्रम करके परिवार की ज़िम्मेदारियों को निभा रहे थे। फिर भी दिन-प्रतिदिन उनकी आवश्यकताएँ बढ़ती जा रही थीं। यहाँ तक की ऐसी स्थिति का भी सामना करना पड़ा कि भोजन परोसने के काम में आने वाले केले के पत्ते खरीदना भी उनके लिए दूभर हो गया। उस स्थिति में उन्होंने एक उपाय निकाला। सर्वप्रथम वे ज़मीन को भली-भाँति साफ कर लेते। फिर वहाँ एक साफ कपड़ा बिछाकर उस पर भोजन करते। तदंतर कपड़े को साफ करके रख लेते और अगली बार पुन: प्रयोग में लाते। इस प्रकार हिन्दू दर्शन को ऊँचाइयों तक पहुँचाने वाला महान दार्शनिक कठिन परिस्थितियों में जीवनयापन कर रहा था।

शिक्षक-पद पर नियुक्ति

पब्लिक इंस्ट्रक्शन विभाग में राधाकृष्णन की इंस्पैटक्र ऑफ स्कूल्स के पद पर नियुक्ति हुई थी। कुछ माह बाद उन्हें मद्रास के प्रेसीडेंसी कॉलेज में मलयालम के शिक्षक रूप में पदासीन कर लिया गया, जहाँ उनका मासिक वेतन 60 रुपए था।

यद्यपि वे मलयालम नहीं जानते थे, तथापि उनकी सहायतार्थ यह पद रिक्त होने पर उन्हें दिया गया था। बाद में भाषा-संबंधी परेशानी होने के कारण उन्हें कार्यालय में स्थानांतरित कर वहीं पर दर्शनशास्त्र के प्रवक्ता के पद पर नियुक्त कर दिया गया।

दर्शनशास्त्र उनका प्रिय विषय था। इस क्षेत्र में उन्हें महारत् प्राप्त थी। उन्होंने विद्यार्थियों को अपने अनुभव और शिक्षा का संपूर्ण लाभ प्रदान किया।

यहाँ भी उनका वेतन 60 रुपए था, परंतु जब उन्हें प्रशिक्षण के लिए जाना पड़ा तब उनका वेतन आधे से थोड़ा अधिक था। उनका प्रशिक्षण एक वर्ष का था और इस एक वर्ष में यही आधा वेतन उनकी परेशानियों का कारण था। इतने से वेतन में इतने बड़े परिवार का भरण-पोषण अत्यधिक कठिन कार्य था। ऐसी स्थिति से निपटने के लिए वे विद्यार्थियों को घर-घर जाकर ट्यूशन देने लगे। परंतु इसके कारण वे प्रशिक्षण में अनुपस्थित रह जाते।

जिस स्थान पर प्रशिक्षण चल रहा था, वहाँ के प्रधानाचार्य राधाकृष्णन की योग्यता और प्रतिभा को भली-भाँति जानते थे। अतः उन्होंने उन्हें प्रशिक्षण में अनुपस्थित रहने की छूट दे दी, लेकिन साथ ही यह शर्त रखी कि वे छूटे हुए सभी व्याख्यान स्वयं अपने प्रशिक्षार्थियों को देंगे। राधाकृष्णन ने यह शर्त सहर्ष स्वीकार कर ली। समय आने पर उन्होंने अपनी प्रतिभा को इस प्रकार से व्याख्यान के रूप में प्रस्तुत किया कि प्रधानाचार्य भी अचंभित रह गए।

अंततः प्रशिक्षण के उपरांत उन्हें डिप्लोमा देकर सम्मानित किया गया।

लेखन में पहचान

उन्हीं दिनों परिवार की आवश्यकताएँ पूरी करने के लिए उन्हें अपने मैडल साहूकारों के पास गिरवी रखने पड़े। ये वहीं मैडल थे, जो उन्हें अपनी शैक्षिक योग्यता के लिए मिले थे। परंतु नियति को कुछ और मंजूर था। वे समय पर धन नहीं लौटा सके। इसके फलस्वरूप साहूकारों ने उन पर मुकदमा कर दिया। राधाकृष्णन के लिए यह स्थिति घोर अपमान से कम नहीं थी। उन्होंने साहूकारों को समय पर धन लौटाने का वचन दिया और कड़ी मेहनत में जुट गए। लेकिन दिन-रात अथक परिश्रम करने के बाद भी धन की समुचित व्यवस्था स्वप्न की बात लग रही थी। धीरे-धीरे धन लौटाने की समयावधि निकट आ रही थी।

ऐसी स्थिति में राधाकृष्णन ने अपने अंदर छिपे हुए लेखक को बाहर निकाला। उन्होंने अब तक अपने दिए हुए सभी दार्शनिक विचारों को संग्रहित कर एक सूत्र में पिरोया और उन्हें एक पुस्तक का रूप दिया। उन्होंने इस पुस्तक का नाम रखा था—'असेंसियल्स ऑफ साइकोलॉजी'।

अथक प्रयास करने के बाद उनकी यह पुस्तक लंदन के ऑक्सफोर्ड शहर की प्रैस 'क्लेरेंडन' से प्रकाशित हुई। बाज़ार में आते ही इस पुस्तक की सभी प्रतियाँ हाथों-हाथ बिक गईं। पुस्तक की प्रसिद्धि ने राधाकृष्णन को भी प्रसिद्धि के शिखर पर पहुँचा दिया। बाद में 'ऑक्सफोर्ड यूनिवर्सिटी प्रैस' ने भी इस पुस्तक को प्रकाशित किया। पुस्तक ने राधाकृष्णन की परेशानियों को समाप्त कर दिया। इसके प्रकाशन से उन्हें पाँच सौ रुपए प्राप्त हुए जिससे उन्होंने समस्त कर्जे चुकाकर अपने मैडल पुनः प्राप्त कर लिए।

इस प्रकार जीवन के उतार-चढ़ावों को झेलते हुए राधाकृष्णन पारिवारिक ज़िम्मेदारियों को पूरी निष्ठा से निभाते रहे।

अध्याय 4

शिक्षक एवं लेखक

राधाकृष्णन को शिक्षक के रूप में पहली नौकरी मलयालम प्राध्यापक की मिली। वे स्वयं तेलुगु भाषा जानते थे। इसलिए मलयालम पढ़ाते समय उन्हें अनेक परेशानियों का सामना करना पड़ता था। उनकी परेशानी देखते हुए उन्हें शिक्षक के पद से हटाकर कार्यालयी कार्य सौंप दिया गया। तदंतर वर्ष 1914 में उन्हें दर्शनशास्त्र के सहायक प्राध्यापक के पद पर नियुक्त किया गया। इस पद पर रहते हुए उन्होंने शिक्षक-रूपी प्रतिभा का परिचय दिया। जब वे किसी विषय पर बोलते थे तो उपस्थित छात्र सुध-बुध खोकर उसमें डूब जाते थे। उनके व्याख्यान इतने सरल, सटीक और गहन अध्ययन से युक्त होते थे कि उस समय मद्रास के लगभग सभी कॉलेजों के छात्र उन्हें सुनने के लिए उत्सुक रहते थे। राधाकृष्णन सदैव इस बात का ध्यान रखते थे कि यदि कोई उनके व्याख्यान सुनना चाहता है तो वह इससे वंचित न रह जाए। इसलिए वे किसी भी कॉलेज के आमंत्रण को अस्वीकार नहीं करते थे। उनका केवल यही प्रयास था कि वे अपने ज्ञान की गंगा से सभी को तृप्त कर सकें।

यद्यपि राधाकृष्णन अधिक उम्र के नहीं थे, परंतु उनका व्यक्तित्व इतना प्रभावशाली था कि कॉलेज के उम्रदराज प्रोफेसर भी उनकी प्रतिभा का लोहा मानते थे। क्रिश्चियन कॉलेज के प्रो॰ हॉग अक्सर अपने विद्यार्थियों को राधाकृष्णन के पास उनके व्याख्यान सुनने के लिए भेज देते थे और वे भी उन्हें बड़े प्रेम से अपना व्याख्यान सुनाते थे।

राधाकृष्णन अब तक एक सुलझे हुए और प्रसिद्ध व्याख्याकार बन चुके थे। परंतु इस बात को लेकर उनके मन में कहीं भी अहंकार नहीं था। वे एक पूर्ण

शिक्षक थे जो निष्ठापूर्वक विद्यार्थियों का मार्गदर्शन कर रहे थे। वे विद्यार्थियों में इस प्रकार घुलमिल जाते थे कि विद्यार्थी उन्हें अपने में से ही एक मानने लगते थे। शायद विद्यार्थी-वर्ग में यही उनकी लोकप्रियता का कारण भी रहा। परंतु राधाकृष्णन के जीवन का लक्ष्य यह नहीं था। उनका मन कुछ न कुछ नया करने के लिए बेचैन रहता था। ज्ञान की भूख उन्हें बार-बार अंदर से कचोटती थी। यही कारण था कि वे ऊचाइयों पर पहुँचकर भी और आगे बढ़ने के लिए प्रयासरत रहते थे।

राधाकृष्णन की शिक्षा-दीक्षा क्रिश्चियन स्कूल एवं कॉलेजों में हुई थी, साथ ही उन्होंने स्वयं भी क्रिश्चियन कॉलेजों में शिक्षा दी। इस समयावधि में उन्होंने हिन्दू धर्म के साथ साथ ईसाइयों के अनेक धर्मग्रंथों जैसे बाइबिल, यूरोपीय दर्शन इत्यादि का भी गहन अध्ययन किया था। इसके अतिरिक्त उन्होंने उस समय के महान विचारकों की पुस्तकों को भी पढ़ा। इनमें अरस्तु, प्लेटो, कांट, डार्विन, थर्मस, हक्सले, फ्राउडी, कार्लाइल मिल, लोंगफैलो आदि सम्मिलित थे। इन्हें पढ़ने के बाद उनकी ज्ञान-पिपासा और बढ़ती गई। जब वे आर्थिक तंगी से घिरे हुए थे, उन दिनों में भी वे उपयोगी पुस्तकें खरीद लेते थे। वे हर तरह के साहित्य को पढ़ने में रुचि रखते थे। वैसे दर्शनशास्त्र उनका प्रिय विषय था। अनेक ग्रंथों के अध्ययन के बाद उनके अंदर ज्ञान का अथाह भंडार एकत्रित हो गया था। ऐसी स्थिति में उनके अंदर का लेखक बाहर आने के लिए मचल रहा था।

मैसूर विश्वविद्यालय में नियुक्ति

वर्ष 1916 में राधाकृष्णन आंध्र प्रदेश के अनंतपुर नामक कस्बे में सहायक शिक्षक के पद पर स्थानांतरित हुए। लेकिन उनका मन तो मद्रास के प्रेजीडेंसी कॉलेज में ही अटका हुआ था। उन्होंने वहाँ बहुत समय तक शिक्षक के रूप में कार्य किया था। इतनी दूर अनंतपुर में कार्य करना उनके लिए असहनीय हो रहा था। अंतत: ईश्वर ने उनकी सुनी और तीन माह के उपरांत पदोन्नत होकर वे पुन: प्रेजीडेंसी कॉलेज में पहुँच गए। इस बार वे प्रोफेसर के रूप में नियुक्त हुए थे।

वर्ष 1917 में उन्हें पुन: स्थानांतरित करके राजमुंद्री नामक स्थान पर नियुक्त कर दिया गया। इस बार-बार के स्थानांतरण ने राधाकृष्णन को विचलित कर दिया।

उन दिनों दक्षिण भारत में जातिवाद का बोलबाला था। जातिवाद को लेकर लोगों में परस्पर वैमनस्य उत्पन्न हो रहा था। लोग ब्राह्मणवाद का विरोध कर रहे

थे। ब्राह्मणों के दबदबे को उखाड़ फेंकने के लिए सभी प्रतिबद्ध थे। प्रशासन को स्वयं भी ऐसी विकट स्थिति का सामना करना पड़ रहा था। चूँकि राधाकृष्णन ब्राह्मण थे, इसलिए इसके प्रभाव से वे भी न बच सकें। यही कारण था कि बार-बार उन्हें स्थानांतरित किया जा रहा था। परंतु इससे उनके मन में व्यवस्था के प्रति खीझ उत्पन्न हो गई। यद्यपि राधाकृष्णन बड़े कोमल, सहृदय, दयालु एवं सहनशील स्वभाव के थे तथा अभी तक शांतिपूर्वक स्थानांतरण को स्वीकार कर रहे थे, तथापि परिवार को बार-बार होने वाले कष्ट से वे स्वयं भी चिंतित थे। वे न तो परिवार से दूर रह सकते थे और न ही उन्हें लेकर इधर-उधर भटक सकते थे। अत: उन्होंने मैसूर जाने का निश्चय कर लिया।

मैसूर में 'महाराजा कॉलेज' अत्यंत प्रसिद्ध था। उस कॉलेज के प्रधानाचार्य सी०आर० रेड्डी पहले से ही राधाकृष्णन की योग्यता और प्रतिभा से परिचित थे। उन्होंने स्वयं भी अनेक बार उनके व्याख्यान सुने थे। उनकी हार्दिक इच्छा थी कि वे उनके कॉलेज में कार्य करें। राधाकृष्णन भी इस कॉलेज में कार्य करना चाहते थे, इसलिए मैसूर पहुँचते ही उन्होंने श्री रेड्डी से संपर्क साधा। श्री रेड्डी को तो जैसे मन माँगी मुराद मिल गई। उन्होंने कॉलेज के दर्शन विभाग के अध्यक्ष-पद के लिए उन्हें चुन लिया।

मैसूर के राजा 'महाराजा कॉलेज' के संचालक थे। वे इस पद पर विलायत से उच्च शिक्षा प्राप्त करके आए किसी योग्य व्यक्ति को रखना चाहते थे। अत: उन्होंने राधाकृष्णन को नियुक्त करने से इंकार कर दिया।

इस व्यवहार से राधाकृष्णन को बहुत निराशा हुई। श्री रेड्डी भी एक योग्य व्यक्ति को उपयुक्त पद से वंचित देखकर दु:खी हो गए। परंतु फिर भी उन्होंने हार नहीं मानी। उन्होंने कॉलेज में उपाध्यक्ष की आवश्यकता दर्शाते हुए पद पर राधाकृष्णन को नियुक्त करने का प्रस्ताव रखा। अंतत: उनकी नियुक्ति हो गई।

यदि भाग्य में मुसीबतें झेलना लिखा है तो वह किसी भी रास्ते से जीवन में आ सकती हैं। कुछ ऐसी ही बात राधाकृष्णन के साथ भी हुई। ब्राह्मण होना ही उनके लिए कष्टप्रदायक बन गया। मद्रास में ब्राह्मणों के विरोध की जो ज्वाला प्रज्ज्वलित हुई थी, उसकी तपिश मैसूर तक आ पहुँची। जिसके चलते सरकारी तंत्र ने राजा पर दबाव डालकर उनकी नियुक्ति निरस्त करवा दी। इससे राधाकृष्णन की परेशानियों में और वृद्धि हो गई।

कहा जाता है कि यदि परेशानियाँ आती हैं तो उनके जाने का मार्ग भी स्वत: बनता चला जाता है। अभी तक राधाकृष्णन के साथ केवल कॉलेज के प्रधानाचार्य श्री रेड्डी ही थे। लेकिन उस समय के सुप्रसिद्ध इंजीनियर विश्वेश्वरैया भी उनके पक्ष में उठ खड़े हुए। वे उस समय मैसूर में दीवान पद पर आसीन थे। उन्हें जब राधाकृष्णन के साथ होने वाले अन्याय के बारे में पता चला तो वे स्तब्ध रह गए। ऐसे योग्य और होनहार व्यक्ति के साथ ऐसा घृणित कार्य उन्हें असहनीय हो गया। वे उसी समय राजा के पास गए और सारी स्थिति से अवगत करवाते हुए कठोर शब्दों में बोले—"यदि योग्यता को इसी प्रकार मापा जाता है तो मैं अपने पद से त्याग पत्र दे रहा हूँ। आप मेरे स्थान पर किसी दूसरे योग्य व्यक्ति को नियुक्त कर लें।"

इतने महान व्यक्ति के कठोर शब्द सुनकर राजा अत्यंत शर्मिंदा हुए और उन्होंने क्षणिक देर किए बिना राधाकृष्णन की नियुक्ति का आदेश पारित कर दिया। इस प्रकार वे पुन: उपाध्यक्ष के पद पर नियुक्त हो गए। वर्ष 1918 में पाँच सौ रुपए के मासिक वेतन पर उनकी प्रोफेसर के पद पर नियुक्ति की गई। उन्होंने तीन वर्ष तक इस कॉलेज में अध्यापन कार्य किया।

कलकत्ता प्रस्थान

आरंभ से ही कलकत्ता विश्वविद्यालय भारत के सर्वोत्तम एवं सर्वश्रेष्ठ विश्वविद्यालयों में से एक रहा है। इसकी ख्याति विदेशों तक फैली हुई थी। ब्रिटिश सरकार किसी भी व्यक्ति की योग्यता इसी विश्वविद्यालय द्वारा परखती थी। उस समय वहाँ भारत के महान् विद्वान शिक्षक रूप में नियुक्त थे। इनमें डा० साहा, डा० सी०वी० रमण आदि के नाम विशेष उल्लेखनीय हैं।

कलकत्ता विश्वविद्यालय के तत्कालीन उपकुलपति आशुतोष मुखर्जी एक विद्वान व्यक्ति थे। उन्होंने राधाकृष्णन की योग्यता के बारे में सुना तो उन्हें अपने विश्वविद्यालय में नियुक्त करने के लिए आतुर हो उठे। वे चाहते थे कि राधाकृष्णन दर्शनशास्त्र के विभाग का कार्यभार सँभाल लें। इसके लिए उन्होंने निवेदनस्वरूप एक पत्र लिखकर उन्हें प्रेषित किया।

इधर राधाकृष्णन तीन वर्षों से महाराजा कॉलेज में कार्यरत थे, लेकिन उनका मन प्रेजीडेंसी कॉलेज में ही अटका हुआ था। यद्यपि यहाँ उनकी एक अलग पहचान बन चुकी थी; विद्यार्थी-वर्ग और सहायकों के वे अत्यंत प्रिय थे,

फिर भी प्रेजीडेंसी कॉलेज का वातावरण, छात्र, सहायक—सभी उन्हें आकर्षित कर रहे थे। वहाँ पुनः नियुक्त होने की इच्छा से उन्होंने पत्राचार भी किया। लेकिन ब्राह्मणवाद का विरोध और विलायत उत्तीर्ण न होने के कारण उन्हें निराशा का सामना करना पड़ा। इसी बीच उन्हें कलकत्ता विश्वविद्यालय से आशुतोष मुखर्जी का पत्र प्राप्त हुआ। प्रेजीडेंसी कॉलेज से निराशा हाथ लग चुकी थी, अतएव उन्होंने कलकत्ता जाने का निश्चय कर लिया।

जब श्री रेड्डी सहित अन्य प्राध्यापकों एवं छात्रों को उनके कलकत्ता जाने की बात पता चली तो वे दु:ख के सागर में डूब गए। इतने महान व्यक्तित्व से कोई भी बिछड़ना नहीं चाहता था। उनकी हार्दिक इच्छा थी कि वे इसी कॉलेज में रहें। किंतु राधाकृष्णन जाने का निश्चय कर चुके थे। अत: उनके सम्मान में एक भव्य विदाई समारोह आयोजित किया गया। इस अवसर पर उनका दिया गया भाषण श्रोताओं पर उनकी अमिट छाप छोड़ गया। सभी की आँखों में नमी छोड़कर राधाकृष्णन सपरिवार कलकत्ता की ओर चल दिए।

आशुतोष मुखर्जी को जब इसकी सूचना मिली तो उनकी प्रसन्नता का ठिकाना न रहा। वे चिरकाल से इस समय की प्रतीक्षा कर रहे थे। उनकी हार्दिक इच्छा थी कि राधाकृष्णन जब कलकत्ता आएँ तो विश्वविद्यांलय के विद्वानों से उनका परिचय उनके व्यक्तित्व के अनुरूप ही हो। इसके लिए उन्होंने पहले से ही योजना बना ली थी।

'कलकत्ता विश्वविद्यालय में एक से बढ़कर एक विद्वान हैं जो उम्र और अनुभव में उनसे बहुत आगे हैं। ऐसी स्थिति में क्या वे उनके साथ मिलकर कार्य कर पाएँगे?'—यह विचार अनेक दिनों से राधाकृष्णन के मन में उमड़ रहा था। साथ ही उन्हें इस बात की चिंता भी थी कि उनका परिवार स्वयं को बंगाली परिवेश के अनुरूप ढाल भी सकेगा अथवा नहीं ? अंतत: उन्होंने सब कुछ ईश्वर पर छोड़ दिया और वर्ष 1921 में सपरिवार कलकत्ता आ पहुँचे।

आशुतोष मुखर्जी ने उनके सम्मान में एक परिचय सम्मेलन का आयोजन किया। सम्मेलन विश्वविद्यालय के सीनेट हॉल में हो रहा था। इस अवसर पर विश्वविद्यालय के सभी प्रोफेसर उपस्थित थे। सारा कक्ष खचाखच भरा हुआ था। सभी बेसब्री से उस दक्षिण भारतीय युवक की प्रतीक्षा कर रहे थे जिसकी विद्वत्ता के बारे में वे निरंतर सुनते आ रहे थे। तभी आशुतोष मुखर्जी के साथ राधाकृष्णन सभा कक्ष में पधारे।

सफेद दक्षिण भारतीय धोती, ऊपर काले रंग का कोट, सिर पर मलमल की पगड़ी—राधाकृष्णन की वेशभूषा उन्हें पूरी सभा में अलग से चित्रित कर रही थी। सभी ने अपने-अपने स्थानों से उठकर उनका स्वागत किया।

कलकत्ता की भाषा बाँग्ला थी, जबकि राधाकृष्णन तेलुगू-भाषी थे। ऐसी स्थिति में केवल अंग्रेजी भाषा ही उनके बीच वार्तालाप का एकमात्र साधन थी। अतएव उन्होंने अंग्रेजी में अपना परिचय और प्रभावशाली भाषण देकर सभा में उपस्थित सभी विद्वानों पर अपनी अमिट छाप अंकित कर दी। उन्होंने दर्शनशास्त्र पर ऐसा सारगर्भित व्याख्यान दिया कि सभी उसकी प्रशंसा किए बिना न रह सके। कम आयु में इतना ज्ञान देखकर सभी अचंभित थे। उन्होंने राधाकृष्णन के बारे में जैसा सुना था, वैसा ही उन्हें पाया। आशुतोष मुखर्जी ने जिस विश्वास के साथ उन्हें कलकत्ता बुलाया था, उन्होंने उस विश्वास को दृढ़ता प्रदान की।

राधाकृष्णन स्वयं को किसी भी परिस्थिति के अनुसार ढालने वाले व्यक्ति थे। इसलिए कुछ ही दिनों में वे बाँग्ला संस्कृति में भली-भाँति घुलमिल गए। वहाँ का वातावरण उन्हें रास आने लगा। अब तक उन्हें प्रेजीडेंसी कॉलेज का जो अभाव खटक रहा था, वह भी धीरे-धीरे जाता रहा। यहाँ स्थिति वैसी तो नहीं थी, परंतु मैसूर विश्वविद्यालय की अपेक्षा यहाँ अधिक मानसिक शांति और विकास की अधिक संभावनाएँ थीं।

कलकत्ता आरंभ से ही बुद्धिजीवियों का शहर रहा है। टैगोर, बंकिमचंद्र, शरत्‌चंद्र जैसे अनेक महान् साहित्यकार तथा विचारक इस शहर से निकलकर प्रसिद्धि के शिखर पर पहुँचे हैं। यहाँ व्यक्ति की पहचान उसके धर्म, जाति या लिंग के आधार पर न होकर उसकी व्यवहारशीलता, शिक्षा और विकसित मानसिकता के आधार पर की जाती है। बुद्धिजीवी व्यक्ति का यह शहर सदैव से आगे बढ़कर स्वागत करता आया है। यही कारण है कि जातिवाद को लेकर राधाकृष्णन को जो पीड़ा सहनी पड़ी थी, कलकत्ता के वातावरण में आकर उन्हें वह सब विस्मृत हो गया। वे पुनः पूरे जोश और उत्साह के साथ अध्यापन में जुट गए।

अध्याय 5

विदेश-यात्रा

एम०ए० करने के बाद से ही राधाकृष्णन के मन में विलायत जाकर उच्च शिक्षा प्राप्त करने की इच्छा जोर मार रही थी। उन दिनों विलायत जाकर पढ़ाई करने का प्रचलन था। विदेश से उच्च शिक्षा प्राप्त करके आए व्यक्तियों को सम्मान की दृष्टि से देखा जाता था। इसके अतिरिक्त उच्च पदों के लिए भी ऐसे व्यक्तियों को प्रमुखता दी जाती थी। अधिकतर लोग केवल इसी के लिए विलायत जाते थे।

राधाकृष्णन की स्थिति अन्य लोगों से भिन्न थी। वे केवल अपनी ज्ञान-पिपासा को शांत करने के लिए विलायत जाना चाहते थे। लेकिन तब पारिवारिक ज़िम्मेदारियों और दयनीय आर्थिक स्थिति ने उन्हें यह इच्छा दबाए रखने के लिए विवश कर दिया।

लंदन की यात्रा

वर्ष 1926 में लंदन में विश्वविद्यालयों की एक अंतर्राष्ट्रीय सभा का आयोजन किया गया। इस अवसर पर भारत के उन विश्वविद्यालयों के प्रतिनिधियों को भी आमंत्रित किया गया जो ब्रिटिश सरकार के अधीन थे। यद्यपि कलकत्ता विश्वविद्यालय में एक से बढ़कर एक विद्वान थे, परंतु राधाकृष्णन की भाँति दार्शनिक विचारक और व्याख्याकार दूसरा कोई नहीं था। अतएव आशुतोष मुखर्जी ने उन्हें ही भेजने का निर्णय लिया। राधाकृष्णन के लिए यह बात चमत्कार से कम नहीं थी। वर्षों से दबी हुई उनकी इच्छा पूर्ण होने जा रही थी, परंतु उन्हें इस बात का दुःख भी था कि वे उच्च शिक्षा के लिए नहीं, अपितु व्याख्याकार के रूप में विलायत जा रहे हैं।

ब्रिटेन के सुप्रसिद्ध दार्शनिक प्रो० हेल्डेन राधाकृष्णन की प्रतिभा से भली-भाँति परिचित थे। उन्होंने उनके विचारों को अनेक बार लेख-रूप में पढ़ा था, जिससे वे उनकी बौद्धिकता, विचारशीलता और दार्शनिकता का लोहा मान चुके थे। उन्हें जब राधाकृष्णन के लंदन आने का समाचार मिला तो उंनकी प्रसन्नता का ठिकाना न रहा। वे बड़े जोर-शोर से उनके स्वागत की तैयारियाँ करने लगे।

निश्चित दिन राधाकृष्णन लंदन पहुँचे, जहाँ उनका भव्य स्वागत हुआ। इस अवसर पर उनकी भेंट आशुतोष मुखर्जी के पुत्र श्यामाप्रसाद मुखर्जी से हुई जो उन दिनों लंदन में अध्ययन कर रहे थे। वे अपने पिता से उनके बारे में बहुत कुछ सुन चुके थे। उनके विचारों और दार्शनिकता से वे बड़े प्रभावित थे। उनसे मिलकर श्यामाप्रसाद ने स्वयं को धन्य माना। तदंतर राधाकृष्णन ने लंदन के प्रसिद्ध लेखकों एवं विचारकों से भेंट की जिनमें कींस ली, मूर, बाल्फाटे आदि प्रमुख थे।

हिंदुओं की जीवन-पद्धति

राधाकृष्णन का प्रथम भाषण लंदन के मैनचेस्टर कॉलेज में था। इस कॉलेज के प्रधानाचार्य एल०पी० जेक्स भी उनके बारे में बहुत कुछ सुन चुके थे। उन्होंने स्वयं भी उनके लेखों को पढ़ा था। 'पूर्व का एक महान दार्शनिक पश्चिमी देश को पूर्व की सभ्यता और संस्कृति से परिचित करवाएगा तथा दोनों देशों में परस्पर आचार-विचारों का आदान-प्रदान होगा'—इस बात से वे बड़े उत्साहित थे।

निश्चित दिन मैनचेस्टर कॉलेज में राधाकृष्णन ने अपना वक्तव्य दिया। यह वक्तव्य 'हिन्दुओं की जीवन पद्धति' पर आधारित था। इसमें उन्होंने हिन्दुओं के रहन-सहन तथा उनके रीति-रिवाज़ों एवं परम्पराओं पर प्रकाश डालते हुए कहा था—"हिंदू धर्म गहन आस्था पर कर्म करता है। कर्म के लिए हिंदू गीता का अनुसरण करता है। इसमें कर्म पर अधिक जोर दिया गया है। इसके अनुसार व्यक्ति जैसा कर्म करता है, उसे वैसा ही फल भोगना पड़ता है। कर्म के सिद्धांत के अंतर्गत व्यक्ति बुरे कार्यों से बचकर सत्कर्म की ओर अग्रसर होता है। हिंदू एक सर्वोच्च शक्ति 'ईश्वर' के अस्तित्व को स्वीकारता है और उसमें अगाध श्रद्धा रखते हुए मृत्युलोक को नश्वर मानता है।"

हिंदुओं की जीवन शैली पर बोलते हुए उन्होंने कहा—"हिंदू धर्म जीवन को चार आश्रमों में विभाजित करता है और यही उनके जीवन-चक्र का आधार

है। ये चार आश्रम हैं—'ब्रह्मचर्य, गृहस्थ, वानप्रस्थ व संन्यास'। मनुष्य के प्रारंभिक 25 वर्ष ब्रह्मचर्य के अधीन माने गए हैं। इस समयावधि में वह केवल शिक्षा-दीक्षा ग्रहण करता है। इसके उपरांत विवाह करके वह गृहस्थ आश्रम में प्रवेश करता है। 26 से 50 वर्ष तक का समय गृहस्थ आश्रम का कहलाता है। तदंतर 51वें वर्ष में संतान आदि की ज़िम्मेदारियों से निवृत्त होकर वन की ओर प्रस्थान कर ईश्वर-भक्ति में लीन हो जाता है। 51 से 75 वर्ष तक का समय वानप्रस्थ आश्रम कहलाता है। 76वें वर्ष से संन्यास आश्रम आरंभ होता है। इसमें व्यक्ति मोह-माया के समस्त बंधन त्याग देता है। उसे ईश्वर-प्राप्ति के अतिरिक्त कोई और लालसा नहीं रहती। इस चक्र पर हिंदू जीवन आधारित है।''

भारतीय जीवन में स्त्रियों के महत्त्व पर प्रकाश डालते हुए राधाकृष्णन ने कहा था—''सदियों से भारतवर्ष में स्त्रियों का सम्मान होता आया है। स्त्री और पुरुष में किसी भी प्रकार की भिन्नता नहीं है। इनमें परस्पर ऐसा संबंध स्थापित है जिससे दोनों में एक-दूसरे के प्रति प्रेम और सम्मान की भावना बनी रहती है। इसी भावना को दृढ़ता प्रदान करते हुए वे एक-दूसरे के साथ ही संपूर्ण जीवन व्यतीत कर देते हैं।''

राधाकृष्णन के सारगर्भित और दार्शनिक विचारधारा से ओत-प्रोत भाषण लंदनवासियों के दिलों में उतर गए। लंदन के अखबारों ने उनके भाषणों को अपने मुख्य पृष्ठ पर स्थान दिया। बाद में उनके भाषणों को संकलित कर एक पुस्तक का रूप दिया गया; पुस्तक का नाम रखा गया—'हिंदू व्यू ऑफ लाइफ'। यह उस समय की सर्वाधिक प्रसिद्ध एवं सराहनीय पुस्तकों में से एक थी।

जिस प्रकार फूलों के साथ काँटों का होना निश्चित है, उसी प्रकार प्रशंसकों के साथ आलोचकों एवं विरोधियों का होना भी स्वाभाविक है। लंदन में राधाकृष्णन के असंख्य प्रशंसक थे, परंतु उनके विरोधियों की संख्या भी कम नहीं थी। लंदन के कट्टर ईसाई धर्मावलम्बी उनके विरोध में उठ खड़े हुए। परंतु फूल लाख काँटों से घिरा हो, अपनी खुशबू और सुंदरता से लोगों को अपनी ओर आकर्षित कर ही लेता है; ऐसा ही कुछ राधाकृष्णन के साथ भी हुआ। उनकी विद्वत्ता और सारगर्भित विचारों के समक्ष विरोधियों की एक न चली और वे दिन-प्रतिदिन लोकप्रिय होते गए; उनके प्रशंसकों की संख्या भी निरंतर बढ़ती गई।

अमेरिका की यात्रा

राधाकृष्णन के कदम एक बार विदेश की ओर बढ़े तो फिर बढ़ते ही गए। उन्हीं दिनों अमेरिका में हार्वर्ड विश्वविद्यालय में दर्शनशास्त्र से संबंधित अन्तर्राष्ट्रीय शिखर सम्मेलन का आयोजन हो रहा था। इस अवसर पर राधाकृष्णन को भी आमंत्रित किया गया था। अतएव दो महीने लंदन में बिताने के बाद उन्होंने अमेरिका की ओर प्रस्थान किया। इस आयोजन में अमेरिका सहित अनेक देशों के विद्वान सम्मिलित हुए। इस अवसर पर राधाकृष्णन ने हिन्दू जीवन पद्धति पर ऐसा प्रभावशाली व्याख्यान दिया कि उपस्थित सभाजन उनकी बौद्धिकता से अभिभूत हो गए।

अमेरिका में ही उनकी भेंट भारत के आध्यात्मिक गुरु कृष्णमूर्ति से हुई। उनके सान्निध्य में रहकर राधाकृष्णन ने धर्म एवं अध्यात्म के मर्म को और अधिक गहराई से जाना। इसके अतिरिक्त उनकी भेंट अमेरिकन विद्वानों से हुई जिनमें कोस, डयूई, एटीन, गिल्सन, इमर्सन फोस्डिक आदि सम्मिलित थे। इमर्सन फोस्डिक तत्कालीन मंत्री थे जो ईसाइयों की अगुवाई भी करते थे। राधाकृष्णन ने अपने समक्ष इन्हें नतमस्तक कर दिया।

इस प्रकार लंदन और अमेरिका में अपनी बौद्धिकता व दार्शनिकता का लोहा मनवाकर राधाकृष्णन भारत लौट आए। यहाँ उनका भव्य स्वांगत किया गया। विभिन्न कॉलेजों में स्वागत-समारोह आयोजित कर उन्हें सम्मानित किया गया।

ऑक्सफोर्ड में व्याख्यान

वर्ष 1928 में राधाकृष्णन को पुनः लंदन जाना पड़ा, लेकिन इस बार व्याख्याकार के रूप में नहीं अपितु प्रोफेसर के रूप में। जिस मैनचेस्टर कॉलेज में उन्होंने अपना सर्वप्रथम व्याख्यान दिया था, उसी कॉलेज में उन्हें पढ़ाने के लिए बुलाया गया था। अब तक कलकत्ता राधाकृष्णन के लिए अत्यंत सम्मानित स्थान बन चुका था; यहीं से उन्हें इतना सम्मान और विदेश जाने का अवसर प्राप्त हुआ था। इसलिए वे इसे छोड़कर कहीं और नहीं जाना चाहते थे। लेकिन मैनचेस्टर कॉलेज के प्रधानाचार्य एल॰पी॰ जेक्स के बार-बार अनुरोध करने पर राधाकृष्णन कलकत्ता विश्वविद्यालय से एक वर्ष का अवकाश लेकर लंदन चले गए। परंतु

'यूनिवर्सिटी आर्गेनाइजेशन कमेटी' के हस्तक्षेप के कारण राधाकृष्णन मैनचेस्टर कॉलेज में न पढ़ा सके। तत्पश्चात् ऑक्सफोर्ड विश्वविद्यालय में उन्होंने व्याख्यान दिए और स्वदेश लौट आए।

उपकुलपति-पद पर नियुक्ति

वर्ष 1925 में आंध्र विश्वविद्यालय की नींव रखी गई। मात्र एक वर्ष के उपरांत ही यह विश्वविद्यालय शिक्षण के लिए तैयार हो गया। इसके प्रथम उपकुलपति सी०आर० रेड्डी थे जो मैनचेस्टर कॉलेज के प्रधानाचार्य भी रह चुके थे। वे राधाकृष्णन से अत्यंत प्रभावित थे। उनकी इच्छा थी कि वे आंध्र विश्वविद्यालय में अपने व्याख्यान दें।

वर्ष 1927 में आंध्र विश्वविद्यालय का प्रथम दीक्षांत समारोह आयोजित किया गया। इस अवसर पर अनेक विद्वानों सहित श्री रेड्डी ने राधाकृष्णन को भी आमंत्रण भेजा, जिसे उन्होंने सहर्ष स्वीकार कर लिया। आयोजन में राधाकृष्णन ने अपने सुंदर व्याख्यान द्वारा छात्रों में देशभक्ति और आत्म-निर्माण का मंत्र फूँका। साथ ही उन्हें यह भी बताया कि देश के प्रति उनकी क्या-क्या ज़िम्मेदारियाँ हैं और उन्हें किस तरह से पूरा किया जा सकता है।

श्री रेड्डी चाहते थे कि राधाकृष्णन आंध्र विश्वविद्यालय में कार्य करते हुए दर्शनशास्त्र के क्षेत्र में विश्वविद्यालय का स्तर ऊँचा करें। उन्होंने अपनी इच्छा से उन्हें अवगत भी करवा दिया था। यद्यपि राधाकृष्णन कलकत्ता में रच-बस गए थे, तथापि श्री रेड्डी की इच्छा का सम्मान करते हुए उन्होंने आंध्र विश्वविद्यालय में पदार्पण किया। उन्होंने मात्र दो वर्ष के अंदर ही आंध्र विश्वविद्यालय का कायाकल्प कर दिया। उन्होंने छात्रों की इच्छाओं के साथ-साथ उनकी जरूरतों पर भी विशेष ध्यान देते हुए उनके लिए आवश्यक अध्ययन सामग्री उपलब्ध करवाई। उनकी वाणी में ऐसी सम्मोहन शक्ति थी कि हर कोई उनकी वाक्-पटुता से आकर्षित होकर उनकी ओर खिंचा चला आता था। वे अपने व्याख्यानों में जो कहते थे, उसे वास्तविक जीवन में भी लागू करते थे। यही बात उन्हें सरल और स्वाभाविक बनाती थी। उनकी इसी विशेषता ने पूरे विश्वविद्यालय पर उनकी एक अलग छाप बना दी थी। छात्रों के हृदय में वे भली-भाँति रच-बस चुके थे।

यह वह समय था जब संपूर्ण भारत में स्वतंत्रता संग्राम की चिंगारी भड़की हुई थी। उन दिनों गाँधीजी ने सविनय अवज्ञा आंदोलन छेड़ा हुआ था जिसमें सभी कूद पड़ने को लालायित थे। उनका अनुसरण करना और कार्यों को अपनाना लोगों के लिए धर्म बन चुका था। आंध्र विश्वविद्यालय भी इस चिंगारी से बच नहीं सका। विश्वविद्यालय के अनेक छात्र एवं प्रोफेसर भी इसमें कूद गए थे। ऐसी स्थिति में सरकार विरोधी कार्यवाहियों में लिप्त छात्रों तथा प्रोफेसरों पर अंकुश लगाने के लिए सरकार द्वारा श्री सी॰आर॰ रेड्डी पर दबाव बढ़ रहा था। परंतु श्री रेड्डी विवश थे। वे स्वयं गाँधीजी की आज्ञा का विरोध नहीं करना चाहते थे। इसी के चलते उन्होंने विश्वविद्यालय का कार्यभार राधाकृष्णन को सौंप कर पुन: लंदन चले जाने का निश्चय कर लिया। उन्होंने इस बारे में राधाकृष्णन से भी बात की। राधाकृष्णन ने इस ज़िम्मेदारी को सँभालने में असमर्थता प्रकट की और श्री रेड्डी से रुकने का अनुरोध किया। परंतु श्री रेड्डी अपने निर्णय पर अडिग रहे। अंतत: विवश होकर राधाकृष्णन उनकी बात मानने के लिए सहमत हो गए।

दूसरे दिन श्री रेड्डी ने अपना त्यागपत्र दे दिया। तदंतर राधाकृष्णन ने उपकुलपति का चुनाव लड़ा। उनके विरोध में वेंकटरमण नायडू चुनाव में खड़े हुए। वे एक श्रेष्ठ विद्वान थे, परंतु राधाकृष्णन ने उन्हें पराजित कर उपकुलपति का पद प्राप्त कर लिया। वर्ष 1931 के मई माह में राधाकृष्णन ने आंध्र विश्वविद्यालय के उपकुलपति का कार्यभार सँभाला। वे इस पद पर पाँच वर्ष के लिए नियुक्त हुए थे। इस प्रकार राधाकृष्णन को उपकुलपति बनाकर श्री रेड्डी लंदन चले गए।

विश्वविद्यालय का कायाकल्प

राधाकृष्णन ने अपने पद की गरिमा तथा विद्यार्थियों एवं प्रोफेसरों के हितों व उनकी आवश्यकताओं को ध्यान में रखते हुए बहुत कम समय में ही विश्वविद्यालय का ढाँचा बदल दिया। उन्होंने छात्रावास, प्रयोगशालाएँ, पुस्तकालय तथा आवश्यक कक्षा-भवनों का निर्माण करवाया। बहुत कम समय में इतना परिवर्तन कर देने के कारण चहुँ ओर उनकी सराहना होने लगी।

उपर्युक्त परिवर्तनों के अतिरिक्त राधाकृष्णन ने अन्य क्षेत्रों से संबद्ध विद्वानों को भी विश्वविद्यालय में शिक्षा देने के लिए आमंत्रित किया। उन्होंने मद्रास से प्रसिद्ध अर्थशास्त्री जॉन मठ्ठई को आमंत्रित कर उन्हें अर्थशास्त्र का

विभाग सौंपा। राजनीति विभाग के लिए श्री कृष्ण मेनन को बुलाया गया। अर्थशास्त्र के व्याख्यान हेतु कैम्ब्रिज विश्वविद्यालय में नियुक्त वी०के०आर०वी० राव को आमंत्रित किया गया।

राधाकृष्णन की ख्याति देश में ही नहीं, विदेशों में भी फैल रही थी। अंतर्राष्ट्रीय पहचान के कारण उनका दबदबा भी अच्छा था। ब्रिटिश सरकार भी उनके कार्य में हस्तक्षेप करने से पूर्व भली-भाँति सोच-विचार करती थी। अत: राधाकृष्णन भी अपने पद का सदुपयोग करने से नहीं चूकते थे।

आंध्र विश्वविद्यालय में भौतिकी और रसायन विज्ञान का कोई विभाग नहीं था। राधाकृष्णन को अनेक वर्षों से इसकी कमी खल रही थी। वे अतिशीघ्र इस कमी को पूरा करना चाहते थे, परंतु इसके लिए उन्हें किसी योग्य व्यक्ति की आवश्यकता थी। ऐसी स्थिति में उनकी दृष्टि बार-बार भौतिकी क्षेत्र के प्रसिद्ध विद्वान सी०वी० रमन पर जाकर ठहर रही थी। उन्होंने सी०वी० रमन को आंध्र विश्वविद्यालय में अध्यापन के लिए आमंत्रित किया, जिसे उन्होंने सहर्ष स्वीकार कर लिया।

शीघ्र ही राधाकृष्णन ने सी०वी० रमन के सहयोग से आंध्र विश्वविद्यालय में भौतिकी एवं रसायन विज्ञान का विभाग स्थापित किया। इस कार्य में सरकार ने भी उन्हें पूरा सहयोग दिया। इसके अतिरिक्त देश के सभी विद्वान उनके साथ कंधे से कंधा मिलाकर काम करने को प्राय: तैयार रहते थे।

उपकुलपति के रूप में राधाकृष्णन ने अपने जीवन के पाँच महत्त्वपूर्ण वर्ष आंध्र विश्वविद्यालय को दिए। इन पाँच वर्षों में उन्होंने अथक परिश्रम और प्रयास द्वारा इस विश्वविद्यालय को उच्चकोटि के विश्वविद्यालयों में सम्मिलित कर दिया। परंतु अब वे इस पद से विश्राम चाहते थे। अतएव कार्यकाल पूर्ण होने के बाद उन्होंने चुनाव लड़ने से इंकार कर दिया और कलकत्ता लौट आए।

ऑक्सफोर्ड में नियुक्ति

राधाकृष्णन को कलकत्ता विश्वविद्यालय और ऑक्सफोर्ड में पढ़ाने का निमंत्रण मिल चुका था। वे दोनों ही निमंत्रणों को अस्वीकार नहीं कर सकते थे। इसलिए उन्होंने दोनों विश्वविद्यालयों में छ:-छ: महीने कार्य करने का निश्चय किया। अब तक राधाकृष्णन का पुत्र गोपाल भी बड़ा हो चुका था; उसकी शिक्षा-

दीक्षा का समुचित प्रबंध भी करना आवश्यक था। अतः वर्ष 1936 में वे पुत्र सहित ऑक्सफोर्ड पहुँचे। ऑक्सफोर्ड में यह उनका प्रथम आगमन था। उन्होंने वहीं निकट के एक विद्यालय में पुत्र की शिक्षा का प्रबंध कर दिया।

राधाकृष्णन को पाँच वर्ष के लिए ऑक्सफोर्ड विश्वविद्यालय में नियुक्त किया गया था, लेकिन बाद में यह समय-सीमा दस वर्ष और बढ़ा दी गई। कुछ समय तक राधाकृष्णन अकेले रहे, तदंतर उन्होंने अपनी पत्नी और पुत्रियों को भी अपने पास बुलवा लिया। कुछ समय उनके साथ रहने के बाद वे पुनः स्वदेश लौट गईं।

अब तक ज्ञान के भंडार के साथ-साथ राधाकृष्णन की उम्र भी बढ़ती जा रही थी। उनका मन स्वाधीनता संग्राम में अपना योगदान देने के लिए मचल उठा। उन्होंने अपने ओजपूर्ण व्याख्यानों द्वारा लोगों को स्वाधीनता संग्राम में बढ़-चढ़कर हिस्सा लेने के लिए प्रेरित करने का निश्चय किया। साथ ही वे अपने लेखन के माध्यम से भी लोगों और सरकार को सचेत करने लगे।

दक्षिण अफ्रीका की यात्रा

पिछले कुछ समय से राधाकृष्णन को दक्षिण अफ्रीका में आमंत्रित किया जा रहा था। चूँकि द्वितीय विश्वयुद्ध आरंभ हो चुका था, इसलिए भविष्य की गतिविधियों को समझते हुए उन्होंने अपने पंद से इस्तीफा दिया और दक्षिण अफ्रीका चले गए।

वहाँ धर्म पर अनेक व्याख्यान देते हुए उन्होंने अंग्रेजों की रंगभेद-नीति की खुले शब्दों में आलोचना की। साथ ही उन्होंने अपने भाषणों में गाँधीजी के दक्षिण अफ्रीका में किए गए कार्यों को दोहराया और लोगों से उनके संदेश को अमल में लाने की प्रार्थना की। तत्पश्चात् अफ्रीकी जनता पर अपनी अमिट छाप छोड़कर वे स्वदेश लौट आए।

इस प्रकार एक शिक्षक, दार्शनिक, विचारक और महान विद्वान के रूप में राधाकृष्णन ने विलायत में ख्याति अर्जित की।

अध्याय 6

काशी-हिंदू विश्वविद्यालय का उत्थान

दक्षिण अफ्रीका से लौटने के बाद राधाकृष्णन पुनः कलकत्ता विश्वविद्यालय में सक्रिय रूप से कार्य करने लगे। अब तक वे अंतर्राष्ट्रीय ख्याति प्राप्त व्यक्ति बन चुके थे। महान विचारक, दार्शनिक और बुद्धिजीवी के रूप में उनकी पहचान विश्व के कोने-कोने में बन चुकी थी। उनके विराट् व्यक्तित्व के समक्ष समस्त विद्वान नतमस्तक थे।

वर्ष 1916 में महान राष्ट्रसेवक एवं शिक्षक पंडित मदनमोहन मालवीय जी ने बनारस में काशी हिंदू विश्वविद्यालय की स्थापना की। वे अनेक वर्षों से अपने हृदय में राधाकृष्णन को काशी विश्वविद्यालय में अध्यापन हेतु आमंत्रित करने की इच्छा संजोए हुए थे। इस संदर्भ में उन्होंने गाँधीजी से भी विचार-विमर्श कर उन्हें आमंत्रित करने की प्रार्थना की। गाँधीजी स्वयं भी ऐसे महान बुद्धिजीवी से मिलना चाहते थे, अतएव वे इसके लिए सहर्ष तैयार हो गए। उन्होंने उसी समय एक विस्तृत पत्र लिखकर राधाकृष्णन को काशी हिंदू विश्वविद्यालय में उपकुलपति का पद सँभालने के लिए आमंत्रित किया।

यद्यपि राधाकृष्णन को कलकत्ता विश्वविद्यालय से बहुत लगाव था और वे उससे दूर नहीं रह सकते थे, तथापि वे गाँधीजी के आमंत्रण को भी अस्वीकार नहीं करना चाहते थे। अतएव उन्होंने बीच का मार्ग निकाला और छः-छः माह की समय-सीमा निर्धारित कर वे दोनों स्थानों पर कार्य करने लगे।

काशी हिंदू विश्वविद्यालय उस समय परेशानियों के दौर से गुजर रहा था, जिसमें आर्थिक परेशानी प्रमुख थी। उस पर अत्यधिक ऋण भी था जिसे उतारने में मालवीय जी पूर्णत: असमर्थ थे। ऐसी स्थिति में कोई उपयुक्त मार्ग न देखकर उन्होंने राधाकृष्णन से इस विषय पर बात की। तब राधाकृष्णन ने उन्हें विश्वविद्यालय की अन्य समस्याओं से अवगत करवाया और उन्हें कुछ महत्त्वपूर्ण सुझाव दिए। इसमें लड़कियों के लिए वैदिक शिक्षा प्रारंभ करना तथा विश्वविद्यालय की कार्यप्रणाली में बदलाव आदि प्रमुख थे। साथ ही उन्होंने अपने तरीके से कार्य करने की अनुमति माँगी। मालवीय जी ने उन्हें सहर्ष स्वीकृति दे दी। तदंतर उन्होंने अपनी सेवाओं के बदले वेतन लेना बंद कर दिया। विश्वविद्यालय की आवश्यकताओं को पूरा करने के लिए उन्होंने और भी अनेक खर्चों में कटौती कर दी।

राधाकृष्णन के काशी हिंदू विश्वविद्यालय में उपकुलपति बनने का समाचार चारों ओर फैल गया था। इतने महान विद्वान के काशी विश्वविद्यालय में आने से सभी का ध्यान इस ओर आकर्षित हुआ और देखते ही देखते अनेक लोग आर्थिक सहायता हेतु आगे आ गए। राधाकृष्णन ने अपनी तीव्र मेघाशक्ति का प्रयोग करते हुए कुछ ही दिनों में काशी हिंदू विश्वविद्यालय को परेशानियों से उबार लिया। आर्थिक तंगी समाप्त हो गई तथा सभी कर्जे उतार दिए गए। शिक्षा के क्षेत्र में भी नवीनता का समावेश हुआ।

इस प्रकार राधाकृष्णन ने अपने संपूर्ण अनुभवों का प्रयोग करते हुए काशी हिंदू विश्वविद्यालय को सर्वोच्च स्थान पर ला खड़ा किया।

अध्याय 7

राष्ट्रीय आंदोलन और राधाकृष्णन

राधाकृष्णन अध्यापन के साथ-साथ देश की राजनीतिक व्यवस्था एवं भारतीय स्वतंत्रता के लिए होने वाली गतिविधियों पर भी अपना ध्यान रखे हुए थे। यद्यपि वे भी देश के लिए कुछ करना चाहते थे, तथापि पारिवारिक ज़िम्मेदारियों के चलते वे कुछ भी न करने के लिए विवश थे। वे परिवार में एकमात्र सदस्य थे जो घर का संपूर्ण खर्च उठा रहे थे। इसमें उनके परिवार के साथ-साथ भाइयों और माता-पिता का खर्च भी सम्मिलित था। वे इनमें से किसी से भी मुँह नहीं मोड़ सकते थे।

गाँधीजी, मदनमोहन मालवीय, गोपालकृष्ण गोखले, सुभाषचंद्र बोस, रासबिहारी आदि तत्कालीन स्वतंत्रता-सेनानियों से राधाकृष्णन अत्यंत प्रभावित थे। उनके कार्य उन्हें झकझोरकर आंदोलन की ओर खींच रहे थे। फिर भी वे बड़ी मुश्किल से स्वयं को रोके हुए थे। बाल गंगाधर तिलक की विद्वत्ता और भगवद्गीता पर उनके कार्यों ने राधाकृष्णन को उनकी ओर आकर्षित किया। इसी कारण उन्होंने तिलक के साथ पत्राचार द्वारा विचारों का आदान-प्रदान आरंभ किया। तिलक ने भी उनके बारे में बहुत कुछ सुना-पढ़ा था। राधाकृष्णन की दार्शनिक विचारधारा का अधिकांश भाग उनके स्वयं के विचारों से मेल खाता था। उन्होंने स्वयं भी भारतीय दर्शन आदि ग्रंथों का गहन अध्ययन किया था तथा स्वतंत्रता संग्राम के आंदोलन में बढ़-चढ़कर हिस्सा ले रहे थे। उन्होंने राधाकृष्णन को भी इसके लिए प्रेरित किया।

राधाकृष्णन ने अपनी लेखनी को आधार बनाकर लोगों में जागृति पैदा की। यहाँ तक कि उन्होंने विलायत में ही अपनी लेखनी का ऐसा जादू चलाया कि चारों ओर भारतीय दर्शन व समाज के प्रति लोगों का दृष्टिकोण बदलने लगा। हालाँकि उन्होंने कभी भी राष्ट्रीय सामाजिक आंदोलनों अथवा जुलूस-सभाओं में प्रत्यक्ष रूप से भागीदारी नहीं की, किंतु उन्होंने अपनी लेखनी के माध्यम से लोगों को आंदोलन की सत्यता के दर्शन अवश्य करवाए।

गीतांजलि का सार

रवीन्द्रनाथ टैगोर विश्व के सर्वाधिक प्रसिद्ध साहित्यकारों, कवियों और समाजसेवियों में से एक रहे। वे कलकत्ता में ही रहते थे। रवींद्रनाथ टैगोर को एक लेखक, साहित्यकार के रूप में मान्यता उनकी पुस्तक गीतांजलि के अंग्रेजी संस्करण 'साँग ऑफ रिंग्स' से मिली। इस पुस्तक की प्रसिद्धि इतनी तीव्र गति से हुई कि वर्ष 1913 के नवंबर माह में उन्हें साहित्य के क्षेत्र में नोबेल पुरस्कार से सम्मानित किया गया। इस पुरस्कार के मिलने पर वे विश्व में तो प्रसिद्ध हुए ही, साथ ही वे पहले भारतीय बन गए जिन्हें नोबेल पुरस्कार मिला था। भारत के लिए भी यह एक दुर्लभ सम्मान था, जो रवींद्रनाथ ने प्राप्त किया था। इस सम्मान के बाद वे भारत में सभी के प्रशंसनीय बन गए।

साहित्य-प्रेमी राधाकृष्णन ने टैगोर के साहित्य का भी गहन अध्ययन किया था। वे उनके विचारों और लेखनी से बहुत प्रभावित थे तथा उनके दार्शनिक विचारों का अनुसरण करते थे। उनका मानना था कि रवींद्रनाथ से बढ़कर भारत में दर्शन का ज्ञाता दूसरा कोई नहीं है।

रवींद्रनाथ नोबेल पुरस्कार प्राप्त करने वाले पहले भारतीय होने के साथ-साथ पहले एशियाई व्यक्ति भी थे जिन्हें इससे सम्मानित किया गया था। पश्चिमी विद्वानों के होते हुए एक एशियाई यह पुरस्कार कैसे प्राप्त कर सकता है—यह बात पश्चिमी विद्वान पचा नहीं पा रहे थे। अतएव हताशा में भरकर उन्होंने विरोध करते हुए रवींद्रनाथ को नोबेल के लिए अयोग्य माना। राधाकृष्णन को जब इसके बारे में पता चला तो वे लेखनी लेकर रवींद्रनाथ के पक्ष में उठ खड़े हुए और उनके समर्थन में लिखना आरंभ किया। भारतीय दर्शन के संदर्भ में वे पहले भी अपनी लेखनी के माध्यम से पश्चिमी विद्वानों को मुँह तोड़ जवाब दे चुके थे। इस बार पुनः पश्चिमी विद्वानों ने भारतीय दर्शन को चुनौती देने का दुःसाहस किया था।

राधाकृष्णन ने टैगोर के साहित्य और दर्शन के संबंध में अपने लेखों को अखबारों में प्रकाशित करवाया जो बाद में ब्रिटेन के अखबारों में भी प्रकाशित हुए। उन्होंने अपने लेखों के माध्यम से सिद्ध किया कि गीतांजलि में टैगोर ने किस प्रकार आत्मा की स्वछंदता द्वारा ईश्वर-प्राप्ति का मार्ग बताया है तथा मनुष्य-समाज को उपदेश दिया है कि वह भौतिकवादिता के मायाजाल से स्वयं को बचाए। भारतीय दर्शन की यही विशेषता है कि वह मनुष्य की अंतर्दृष्टि से उसे ईश्वर के दर्शन करवाते हुए कहता है कि मनुष्य को अपनी अंतर्मन की चेतना को विकसित करना चाहिए, क्योंकि यही चेतना अंत में सर्वशक्तिमान ईश्वर में विलीन हो जाती है। हिंदू दर्शन आत्मा की अमरता की व्याख्या करता है और मानता है कि संसार के प्रत्येक प्राणी में ईश्वर व्याप्त है। इसी कारण यह धारणा मनुष्य को मनुष्य से जोड़ती है और भारतीय दर्शन को अपनाने पर यही परस्पर जोड़ने वाली भावना मनुष्य में भाईचारे, एक-दूसरे से मेल-मिलाप की भावना को जागृत करने आदि के विचार उत्पन्न करती है। इसके फलस्वरूप आपसी द्वेष और घृणा की भावना उत्पन्न नहीं हो पाती। मनुष्य यदि अपनी अज्ञानता को जान ले और उसके मन में जो स्वार्थ की भावना है, उसे निकाल दे तो वह ईश्वर को प्राप्त कर सकता है। जबकि इन सब में लिप्त होकर मनुष्य भौतिक सुख-सुविधाओं की ओर भागता है तथा धीरे-धीरे उसकी इच्छा बढ़ती जाती है। इसी प्रकार पश्चिमी देश साम्राज्यवादी होकर अन्य देशों को अपने अधीन करना चाहते हैं। यही लालच प्रथम विश्व युद्ध का कारण बना। परंतु यदि पश्चिमी देश भारतीय दर्शन की सत्यता और महत्ता को समझकर उसे अपनाए एवं उसका अनुसरण करे तो ऐसी भयावह स्थिति ही उत्पन्न नहीं होगी तथा समस्त विश्व में शांति स्थापित हो सकती है।

इस प्रकार राधाकृष्णन के ये विचार लेखनी के माध्यम से जन-जन तक पहुँचे। भारतीय दर्शन के साथ-साथ उन्होंने रवींद्रनाथ टैगोर का भी भरपूर साथ दिया।

'इंडियन फिलॉसोफिल कांग्रेस' का गठन

वर्षों से राधाकृष्णन के मन में एक दार्शनिक संस्था गठित करने की इच्छा रही। अब उस इच्छा को मूर्त रूप देने का समय आ गया था। वर्ष 1925 में उन्होंने 'इंडियन फिलॉसोफिल कांग्रेस' नामक एक दार्शनिक संस्था का गठन किया।

इसमें प्रसिद्ध दार्शनिकों को सम्मिलित किया गया। संस्था का उद्देश्य था—'भारतीय विद्वानों को एक मंच पर एकत्रित करना'। उन्होंने संस्था का अध्यक्ष पद रवींद्रनाथ टैगोर को सौंपा और स्वयं संस्था के चेयरमैन बने। इसका पहला अधिवेशन वर्ष 1925 के दिसंबर माह में कलकत्ता में हुआ।

राधाकृष्णन के अथक प्रयासों से देश के महान दार्शनिक इस संस्था से जुड़ने लगे तथा देखते-ही-देखते यह विश्वभर में प्रसिद्ध हो गई। अनेक स्थानों पर इसकी शाखाएँ खुल गईं। राधाकृष्णन ने टैगोर के साथ मिलकर इस संस्था के कार्यों को जन-जन तक पहुँचाया।

स्वतंत्रता-संग्राम में योगदान

वर्ष 1931 तक राष्ट्रीय आंदोलन की आग संपूर्ण भारत में दहक चुकी थी। चारों ओर भारत की आज़ादी की माँग जोर पकड़ रही थी। राधाकृष्णन उस समय आंध्र विश्वविद्यालय में थे और राष्ट्रीय आंदोलन की भड़कती हुई आग से वे भी अछूते नहीं थे। इस आंदोलन की उन्हें पूरी खबर थी, लेकिन वे खुलकर कुछ करने में असमर्थ थे। इसलिए वे गुप्त रूप से अपना कार्य कर रहे थे।

आंध्र विश्वविद्यालय में रवींद्रनाथ टैगोर ने राधाकृष्णन से भेंट की और उनसे आज़ादी एवं राष्ट्रीय आंदोलन के विषय में विचार-विमर्श किया। साथ ही उन्होंने छात्रों के मन में देश-प्रेम की भावना जागृत करके उन्हें राष्ट्रीय आंदोलन में बढ़-चढ़कर भाग लेने को प्रेरित किया। हालाँकि राधाकृष्णन खुलकर कार्य नहीं करना चाहते थे, परंतु रवींद्रनाथ टैगोर की बात का सम्मान करते हुए उन्होंने यह कार्य अपने तरीके से करने का निश्चय किया। रवींद्रनाथ ने इसके लिए सहर्ष स्वीकृति दे दी।

राधाकृष्णन कभी भी किसी मंच पर अथवा कंग्रेसी सभाओं में भाषण नहीं दिया करते थे और न ही किसी जुलूस आदि में भागीदारी करते थे। उन्होंने अपने तरीकों से छात्रों के अंदर की ज्वाला को देश के आंदोलन से जोड़ने का कार्य किया। साथ ही उन्होंने अंग्रेजी सरकार की क्रूरता और स्वतंत्रता-सेनानियों पर होने वाले अत्याचारों का वास्तविक रूप छात्रों के समक्ष रखा, जिससे उनमें स्वतंत्रता-प्राप्ति के लिए जोश पैदा हो और वे गाँधीजी के साथ आगे बढ़ सकें। उनके इस कार्य का इतना गहरा प्रभाव हुआ कि छात्रों के मन में स्वतंत्रता-संग्राम

में स्वयं को न्योछावर करने की भावना जागृत हो गई। वे राष्ट्रभक्ति से ओत-प्रोत होकर स्वयं को देश पर कुर्बान करने के लिए तत्पर हो गए।

इतना विशाल छात्र-वर्ग स्वतंत्रता-आंदोलन में सक्रिय हो जाएगा, इसकी कल्पना किसी ने भी नहीं की थी। राधाकृष्णन के इस महत्त्वपूर्ण कार्य को देखकर गाँधीजी भी प्रसन्न हो उठे और उन्होंने उनके इस कार्य की भूरि-भूरि प्रशंसा की।

धीरे-धीरे राधाकृष्णन का जोश बढ़ता गया। जहाँ भी उन्हें व्याख्यान के लिए आमंत्रित किया जाता, वहाँ वे छात्रों में जोश भरने का कार्य करते। इस संदर्भ में वे अक्सर कहा करते थे—''आपके जोश और स्वतंत्रता-प्राप्ति की ललक देखते हुए भारत की आज़ादी मुझे निकट भविष्य में दिखाई दे रही है। अब इस आज़ादी को ब्रिटिश सरकार तो क्या विश्व की कोई भी शक्ति नहीं रोक पाएगी। और यह सब किसी एक से नहीं, हम सभी, आप सभी छात्रों के सहयोग से संभव होगा। बहुत जल्दी आज़ादी की खुली हवा में साँस लेंगे।''

राधाकृष्णन के इस प्रकार के भाषणों को अखबार वालों ने अपनी सुर्खियाँ बना लिया। ये समाचार ब्रिटिश सरकार के कानों तक भी पहुँचे, लेकिन उनकी प्रतिक्रिया का राधाकृष्णन पर बिल्कुल भी प्रभाव नहीं हुआ। वे जहाँ भी जाते, लोगों को राष्ट्रीय आंदोलन में भागीदारी करने के लिए प्रेरित करते।

वर्ष 1942 में गाँधीजी ने 'भारत छोड़ो आंदोलन' प्रारंभ किया। उस समय राधाकृष्णन काशी हिंदू विश्वविद्यालय के उपकुलपति थे। इस विश्वविद्यालय में भी आंदोलन की गतिविधियाँ ज़ोर पकड़ रही थीं। ब्रिटिश सरकार की विश्वविद्यालय की गतिविधियों पर नज़र थी। उन्होंने वहाँ सेना की नियुक्ति कर दी। सैनिक मनमानी करने लगे; विश्वविद्यालय के नियमों को तोड़ना उनका काम हो गया। परंतु राधाकृष्णन ने बिना विचलित हुए धैर्य और संयम से उनकी मनमानी को समाप्त किया।

अनुदान आयोग के अध्यक्ष

द्वितीय विश्वयुद्ध चल रहा था; सभी देश युद्ध की चपेट में थे। जैसे-तैसे युद्ध समाप्त हुआ। लेकिन भारत की आज़ादी का आंदोलन अपनी चरम सीमा

तथा अंतिम दौर में पहुँच चुका था। सभी भारतवासी ब्रिटिश सरकार के विरुद्ध एकजुट हो चुके थे। ऐसी स्थिति में ब्रिटिश सरकार के पास उनकी बात मानने के अतिरिक्त कोई और चारा न था। अतएव उन्होंने भारत को स्वतंत्र करने की घोषणा कर दी। परंतु उनकी 'फूट डालो और राज करो' की कुटिल नीति जाते-जाते भी भारत के लिए अभिशाप बन गई। उन्होंने लौटने से पूर्व देश को दो भागों में बाँट दिया। इसके साथ ही 'हम' भी बँट गए। 'हम' से तात्पर्य है—'ह' से 'हिंदू' और 'म' से 'मुसलमान'। जहाँ हिंदू और मुसलमान संयुक्त रूप से 'हम' कहलाते थे, वे ही अंग्रेजों की कुटिल नीति के चलते परस्पर बँट गए। अंततः 15 अगस्त 1947 को देश आज़ाद हुआ। परंतु गाँधीजी सहित राधाकृष्णन को देश के बँटवारे से बहुत मानसिक कष्ट हुआ।

स्वतंत्रता-प्राप्ति के बाद पंडित जवाहरलाल नेहरू देश के प्रथम प्रधानमंत्री बने। शिक्षा-मंत्री का कार्यभार अबुल कलाम आज़ाद ने सँभाला। तदंतर भारत में उच्च शिक्षा की व्यवस्था के लिए एक आयोग गठित किया गया। इस आयोग की ज़िम्मेदारी किसी योग्य व्यक्ति को सौंपना आवश्यक था। जब इसके लिए खोज आरंभ हुई तो सभी की नज़रें डॉ॰ सर्वपल्ली राधाकृष्णन पर आकर ठहर गईं। शिक्षा की नवीन व्यवस्था के लिए उन्हें आयोग के अध्यक्ष पद पर बिठाया गया। राधाकृष्णन ने इस क्षेत्र में अभूतपूर्व काम किया और बाद में 'विश्वविद्यालय अनुदान आयोग' की स्थापना हुई।

राधाकृष्णन ने इस पद का सदुपयोग करते हुए भारत में शिक्षा का स्तर ऊँचा किया। उन्होंने विद्यार्थियों के लिए मूलभूत सुविधाएँ उपलब्ध करवाईं। लड़कियों के लिए शिक्षा की समुचित व्यवस्था की गई। स्थान-स्थान पर शिक्षा-सम्मेलनों का आयोजन किया जिससे लोगों को शिक्षा के प्रति जागरूक किया जा सके। भारत में उच्च शिक्षा के लिए नई-नई व्यवस्थाएँ लागू करने का श्रेय डॉ॰ सर्वपल्ली राधाकृष्णन को ही जाता है।

अध्याय 8

सोवियत संघ में प्रथम राजदूत

राधाकृष्णन पूर्ण लगन से विश्वविद्यालय अनुदान आयोग के कार्यों को सुचारु रूप से लागू करने के लिए प्रयत्नशील थे। वे इसमें सफलता भी प्राप्त कर चुके थे; चारों ओर उनके इस कार्य की प्रशंसा हो रही थी। इसी बीच अंतर्राष्ट्रीय मुद्दे उठने लगे और अंतर्राष्ट्रीय संबंधों को सुधारने की बात कही जाने लगी।

किसी भी स्वतंत्र देश के लिए विदेश नीति आवश्यक मानी जाती है। इसी के अंतर्गत वह दूसरे देशों के साथ मैत्री संबंध स्थापित करता है। विदेश नीति को सुचारु रूप से प्रगतिशील बनाने के लिए विभिन्न देशों में राजदूत नियुक्त किए जाते हैं। स्वतंत्रता के बाद भारत द्वारा भी विदेश नीति बनाई गई। अब उसे लागू करने के लिए विभिन्न देशों में भारतीय राजदूतों की नियुक्ति आवश्यक थी।

उन दिनों संपूर्ण विश्व दो गुटों में विभाजित था। एक गुट का प्रतिनिधित्व अमेरिका कर रहा था, जबकि दूसरे गुट का नेतृत्व सोवियत संघ के हाथों में था। अमेरिकी गुट में जहाँ विकसित और शोषक देश सम्मिलित थे, वहीं रूस के पक्ष में अनेक विकासशील देश थे। ऐसी स्थिति में नए-नए स्वतंत्र हुए भारत के लिए किसी भी गुट में सम्मिलित होना चिंता का विषय बना हुआ था। अपनी विदेश नीति के अंतर्गत भारत संपूर्ण विश्व के साथ मैत्री संबंध स्थापित करना चाहता था। इसलिए उसने गुट-निरपेक्षता की नीति अपनाते हुए किसी भी गुट में सम्मिलित होने से इंकार कर दिया। परंतु ऐसा करके वह शेष विश्व से कट सकता था, इसलिए इस स्थिति में सोवियत संघ से मैत्रीपूर्ण संबंध बनाना सर्वप्रथम कार्य था।

तत्कालीन प्रधानमंत्री पं० जवाहरलाल नेहरू भली-भाँति जानते थे कि रूस के साथ मैत्री संबंध स्थापित करने के लिए उन्हें एक ऐसे योग्य व्यक्ति की आवश्यकता होगी जो बड़ी सूझ-बूझ से परिस्थितियों को भारत के हित की ओर मोड़ सके। उनकी दृष्टि में केवल राधाकृष्णन ही एक ऐसे अंतर्राष्ट्रीय ख्याति एवं सम्मान प्राप्त व्यक्ति थे जो उनकी आशाओं पर बिल्कुल खरे उतरते थे। उन्होंने किस प्रकार पश्चिमी विद्वानों और दार्शनिकों को अपने तर्कों से परास्त किया था, नेहरूजी इस बारे में पहले से ही जानते थे। उन्हें राजदूत के रूप में सोवियत संघ भेजकर अंतर्राष्ट्रीय स्तर पर उनकी ख्याति और सम्मान का अच्छा लाभ उठाया जा सकता था।

अंतत: वर्ष 1949 में नेहरूजी ने डॉ० राधाकृष्णन को भारत का प्रथम राजदूत नियुक्त कर सोवियत संघ की राजधानी मास्को भेजा।

तानाशाह और दार्शनिक

उस समय रूस में विश्वप्रसिद्ध तानाशाह मार्शल स्तालिन का जबरदस्त प्रभाव था। इस तानाशाह का पूरा नाम जोसेफ स्तालिन था। वर्ष 1922 में स्तालिन कम्युनिस्ट पार्टी के महासचिव रहे। वर्ष 1924 में लेनिन की मृत्यु के बाद स्तालिन ने रूस की बागडोर अपने हाथों में ले ली थी। रूसी नेता डा० राधाकृष्णन के विषय में भली-भाँति परिचित थे। साथ ही वे यह भी जानते थे कि राधाकृष्णन ने अपनी विद्वत्ता के बल पर ही नाम एवं यश अर्जित किया है।

मास्को पहुँचकर राधाकृष्णन ने राजदूत के दायित्व को भली-भाँति निभाया। इस दौरान समय मिलने पर उन्होंने लेखन भी आरंभ कर दिया। कुछ समय बाद स्तालिन के साथ उनकी भेंट निश्चित हुई। इन दोनों के बीच यह पहली मुलाकात थी। दोनों ही अलग-अलग विचारधारा के व्यक्ति थे। एक ओर आध्यात्मिकता और दार्शनिकता की मूरत थी, तो वहीं दूसरी ओर एक महान तानाशाह।

उन दिनों पंडित जवाहर लाल नेहरू अमेरिका में थे। स्तालिन की अमेरिका के साथ शत्रुता थी। उनका मानना था कि पश्चिमी देश प्राय: युद्ध में विश्वास करते हैं और इसके लिए सदैव तत्पर रहते हैं। साथ ही स्तालिन यह भी नहीं चाहते थे कि एक ओर भारत द्वारा राजदूत भेजकर रूस के समक्ष मैत्री का प्रस्ताव रखा जाए और दूसरी ओर भारत का प्रधानमंत्री रूस के शत्रु देश की यात्रा करे। यह मुलाकात इसी संदर्भ में रखी गई थी।

निश्चित समय पर दोनों महान व्यक्तित्व परस्पर मिले। वार्ता के दौरान स्तालिन ने उपरोक्त मुद्‌दे पर बात की। पूरी बात सुनकर राधाकृष्णन ने उन्हें युद्ध न करने का परामर्श दिया और उन्हें समझाते हुए कहा कि 'आप उस ओर ध्यान मत दीजिए। आप कर्मशील हैं, अतः अपने देश के विकास को देखें न कि दूसरे देश के साथ युद्ध में आगे बढ़ें।' साथ ही उन्होंने स्तालिन को सम्राट अशोक का उदाहरण दिया कि किस प्रकार भारत के सम्राट अशोक ने अनेक युद्ध जीते, परंतु कलिंग के रक्त-रंजित युद्ध ने उनका हृदय-परिवर्तन कर दिया तथा उन्होंने युद्ध न करने की प्रतिज्ञा की।

रूसी तानाशाह स्तालिन की समझ में राधाकृष्णन की आध्यात्मिक बातें कैसे आ सकती थीं, लेकिन फिर भी उस पर इनका कुछ-न-कुछ प्रभाव अवश्य हुआ।

धीरे-धीरे राधाकृष्णन अपने कार्य की प्रगति में लगे रहे। वस्तुतः रूस और भारत के मध्य मधुर और मैत्रीपूर्ण संबंध बनाने में उनका महत्त्वपूर्ण योगदान रहा। पं॰ जवाहर लाल नेहरू ने जिस दायित्व को निभाने के लिए डॉ॰ राधाकृष्णन को रूस भेजा था, उसमें वे अक्षरशः सफल रहे।

वर्ष 1952 तक राधाकृष्णन सोवियत संघ के राजदूत रहे।

अध्याय 9

उपराष्ट्रपति और राष्ट्रपति

प्रथम उपराष्ट्रपति

वर्ष 1952 में संविधान निर्माण के पश्चात् भारत में प्रथम आम चुनाव हुए। तब तक नेहरू जी ने राधाकृष्णन को सोवियत संघ से वापस बुलवा लिया था। चुनाव के बाद डॉ॰ सर्वपल्ली राधाकृष्णन को निर्विरोध और सर्वसम्मति से भारत का प्रथम उपराष्ट्रपति चुना गया, जबकि डॉ॰ राजेन्द्र प्रसाद भारत के प्रथम राष्ट्रपति बने। उपराष्ट्रपति के साथ-साथ राधाकृष्णन को विश्वविद्यालयों के कुलपति का कार्यभार सौंपा गया। साथ ही उन्हें साहित्य अकादमी का उपाध्यक्ष भी बनाया गया।

उपराष्ट्रपति राज्य सभा का अध्यक्ष होता है तथा वह राजनीति में सीधा हस्तक्षेप कर सकता है। हालाँकि राधाकृष्णन ने कभी किसी राजनीतिक चुनाव आदि में भागीदारी नहीं की। केवल परिस्थितियाँ बनती गईं और उन्हें ये पद मिलते गए। राज्य सभा का अध्यक्ष होने के कारण राजनीति से उनका परिचय हुआ और वे प्रभावपूर्ण राजनीतिक भाषण देने लगे। एक शिक्षक और विचारक के राजनीतिक भाषण भी इतने प्रभावशाली होते थे कि वे लोगों के मन पर सीधा असर करते थे।

यह समय भारत के भविष्य की नींव के रूप में था। प्रथम चुनाव होने के बाद मंत्रिमंडल का गठन हुआ। अनेक चुनौतियाँ और समस्याएँ सिर उठाएँ खड़ी थीं। देश की उन्नति और विकास के लिए अनेक कार्य करने थे।

उपराष्ट्रपति पद पर रहकर डॉ॰ राधाकृष्णन ने अनेक महत्त्वपूर्ण कार्य किए। शिक्षा के स्तर को सुधारने के लिए उन्होंने अनेक कॉलेजों की स्थापना की; विश्वविद्यालयों में उच्च शिक्षा से संबंधित पाठ्यक्रम चलवाएँ। साथ ही राजनीति में सक्रिय भागीदारी कर कश्मीर गए और वहाँ की उथल-पुथल को शांत किया; प्रधानमंत्री पं॰ जवाहर लाल नेहरू की अनेक कार्यों में सहायता की। इसके अतिरिक्त मंत्रिमंडल के मनमुटावों को आपसी तालमेल के माध्यम से सुलझाया। जब भी नेहरू जी को किसी समस्या का सामना करना पड़ता तो वे राधाकृष्णन से सहायता लेते और अपने अनुभवों से समस्या को सुलझा डालते।

वर्ष 1954 में डॉ॰ राधाकृष्णन को भारत के सर्वोच्च सम्मान 'भारत रत्न' से सम्मानित किया गया।

राष्ट्रपति-पद

डॉ॰ राधाकृष्णन ने उपराष्ट्रपति पद की गरिमा को सदैव बनाए रखा। वर्ष 1957 में जब राष्ट्रपति डॉ॰ राजेन्द्र प्रसाद का कार्यकाल समाप्त हुआ, तब उन्होंने प्रस्ताव रखा कि राष्ट्रपति के कार्यकाल के समाप्त होने के उपरांत उनका स्थान उपराष्ट्रपति ले लें। इस प्रस्ताव को सर्वसम्मति मिल गई। लेकिन एक बार फिर राजनीतिक दाँवपेंच के चलते नेताओं ने राष्ट्रपति पद के लिए अलग-अलग नामों को प्रस्तावित किया। किसी ने बाबू जगजीवन राम का नाम सुझाया तो किसी ने अबुल कलाम आज़ाद के नाम का समर्थन किया।

पं॰ जवाहर लाल नेहरू को इस बात की आशा न थी कि जातिवाद पुनः उनके समक्ष उत्पन्न हो जाएगा। वे राष्ट्रपति पद के लिए राधाकृष्णन को योग्य मानते थे और उन्हें इस पद पर बिठाने के पक्षधर थे। लेकिन लोग उनकी इस इच्छा से असहमत थे। जब कोई हल न निकला तो नेहरूजी ने बिना चुनाव के डॉ॰ राजेन्द्र प्रसाद को पुनः राष्ट्रपति पद पर नियुक्त करने का प्रस्ताव रखा। यह प्रस्ताव स्वीकार कर लिया गया। परंतु नेहरूजी को उस समय आघात लगा जब डॉ॰ राधाकृष्णन ने उपराष्ट्रपति पद पर पुनः नियुक्त होने से मना कर दिया। जातिवाद के कारण उन्हें राष्ट्रपति बनने से रोका गया, इस बात से उन्हें गहरा आघात पहुँचा था। साथ ही वे राजनीति से अलग होने का निश्चय कर चुके थे।

ऐसी स्थिति में जवाहर लाल नेहरू बिल्कुल अकेले पड़ गए। वे नहीं चाहते थे कि राधाकष्णन इस तरह से एकदम स्वयं को राजनीति से अलग क़र लें। वे

इतने विद्वान और अनुभवी व्यक्ति को खोना नहीं चाहते थे। उन्होंने राधाकृष्णन को अनेक प्रकार से समझाया। उनके बार-बार प्रार्थना करने पर अंततः डॉ॰ राधाकृष्णन पुनः उपराष्ट्रपति पद पर आसीन हो गए। इस बार उनका मन उपराष्ट्रपति के पद से उचाट हो गया था; वे केवल नेहरूजी के अनुरोध पर ही इस पद पर टिके हुए थे। लेकिन ऐसा नहीं है कि उन्होंने उपराष्ट्रपति पद की गरिमा और ज़िम्मेदारी में कोई कमी आने दी। बल्कि उन्होंने अपने दायित्वों को पूरी तरह से निभाया और नेहरूजी को आभास तक नहीं होने दिया कि वे इस पद पर अनिच्छा से कार्य कर रहे।

धीरे-धीरे पाँच वर्ष संपन्न हुए। लेकिन पूर्व में जो परम्परा आरंभ करने की बात सोची गई थी, वह सुचारु रूप से लागू न हो सकी। उसके स्थान पर राष्ट्रपति और उपराष्ट्रपति पद के लिए चुनाव की प्रथा प्रारंभ हुई।

वर्ष 1962 में राष्ट्रपति पद के लिए चुनाव हुए। इन चुनावों में डॉ॰ सर्वपल्ली राधाकृष्णन ने भारी मतों से विजय प्राप्त कर राष्ट्रपति का पद ससम्मान प्राप्त किया। इस प्रकार एक निर्धन परिवार में जन्मे डॉ॰ राधाकृष्णन ने कठिन मेहनत और लगन के बल पर देश का सर्वोच्च पद प्राप्त किया। उनकी इस उपलब्धि से नेहरूजी भी भाव-विभोर हो गए। देश के प्रथम नागरिक होने का गौरव एक विद्वान और योग्य व्यक्ति को मिलता देख उनकी प्रसन्नता का ठिकाना न रहा।

अंतर्राष्ट्रीय स्तर पर राधाकृष्णन की छवि एक दार्शनिक, विचारक और शिक्षक के रूप में रही, इसलिए राष्ट्रपति बनने पर उन्हें अंतर्राष्ट्रीय स्तर पर सम्मान प्राप्त हुआ।

राष्ट्रीय संकट और समाधान

राष्ट्रपति बनने के बाद डॉ॰ राधाकृष्णन को विपरीत परिस्थितियों का सामना करना पड़ा। पड़ोसी देश चीन ने भारत पर आक्रमण कर दिया था और उसका पक्ष दिन-प्रतिदिन मज़बूत होता जा रहा था; हालात बेकाबू हो रहे थे। भारतीय संविधान के अनुसार देश का सर्वोच्च पद राष्ट्रपति का होता है, लेकिन उसे राजनीतिक हस्तक्षेप का अधिकार नहीं होता। समस्त शक्तियाँ प्रधानमंत्री के हाथ में केन्द्रित होती हैं।

लेकिन परिस्थितियाँ ऐसी बनीं कि नेहरूजी भी उसके समक्ष असहाय हो गए; उनकी विदेश नीति पूर्णत: विफल हो गई थी। चीन के अचानक आक्रमण ने भारत की कमर तोड़ कर रख दी। ऐसी स्थिति में डॉ० राधाकृष्णन शांत कैसे बैठे रह सकते थे? उन्होंने अमेरिका के तत्कालीन राष्ट्रपति जॉन कैनेडी से भेंट करके उन्हें सारी स्थिति से अवगत करवाया और चीन की बुरी नियत का खुलासा किया। साथ ही ब्रिटेन तथा सोवियत संघ के साथ अपने संबंधों का लाभ उठाते हुए उन्हें भी अपने पक्ष में कर लिया। यह मुद्दा संयुक्त राष्ट्र संघ में उटाया गया और चीन पर युद्ध से पीछे हटने का दबाव डाला गया। इस दबाव के चलते चीन को विवश होकर पीछे हटना पड़ा। इस प्रकार डॉ० राधाकृष्णन की सूझ-बूझ से एक बड़ा खतरा भारत के ऊपर से टल गया।

यद्यपि चीन के कदम पीछे हट गए थे, तथापि उसके विश्वासघात ने नेहरू जी को अंदर से तोड़कर रख दिया था। इसी के चलते 27 मई, 1964 को उनका निधन हो गया। संपूर्ण देश पुन: शोक और संकट की स्थिति से घिर गया। शत्रु देश भारत पर दृष्टि लगाए बैठे थे; देश का नया प्रधानमंत्री चुनना आवश्यक था। ऐसी स्थिति में राधाकृष्णन ने सूझ-बूझ से काम लेते हुए गुलज़ारी लाल नंदा को कार्यवाहक प्रधानमंत्री नियुक्त कर दिया।

कुछ समय उपरांत चुनाव करवाकर लालबहादुर शास्त्री जी को प्रधानमंत्री पद पर नियुक्त किया गया। उन्होंने 15 जून, 1964 को प्रधानमंत्री पद की शपथ ली।

वर्ष 1965 में पाकिस्तान ने भारत पर आक्रमण कर दिया। डॉ० राधाकृष्णन के राष्ट्रपति काल में भारत पर यह दूसरा आक्रमण हुआ था। इस विकट स्थिति में उन्होंने देश से एकजुट होने तथा पाकिस्तान को मुँह तोड़ जवाब देने का आवाह्न किया। इस युद्ध में भारतीय सैनिकों ने वीरतापूर्वक लड़ते हुए पाकिस्तान को धूल चटा दी। फिर अमेरिकी हस्तक्षेप के कारण सोवियत संघ के ताशकंद शहर में भारत और पाकिस्तान के मध्य एक समझौता हुआ। यह समझौता ताशकंद समझौते के नाम से जाना जाता है। लेकिन तभी एक और दु:खद घटना घटी। रूस में ही प्रधानमंत्री लालबहादुर शास्त्री जी का निधन हो गया। एक बार फिर से देश पर संकट गहराने के आसार नज़र आने लगे। इस बार श्रीमती इंदिरा गाँधी को प्रधानमंत्री पद की शपथ दिलाई गई। इस प्रकार उन्हें देश की प्रथम महिला प्रधानमंत्री होने का गौरव प्राप्त हुआ।

राष्ट्रपति डॉ० सर्वपल्ली राधाकृष्णन का कार्यकाल समाप्त हो रहा था। उन्होंने पहले ही निश्चय कर लिया था कि वे इस पद पर पुनः नियुक्त नहीं होंगे। मई माह में वर्ष 1967 में उनका कार्यकाल पूर्ण हुआ। सभी ने उन्हें भावपूर्ण विदाई दी।

डॉ० राधाकृष्णन एक गैर राजनीतिक व्यक्ति रहे। उन्होंने राजनीति से प्रायः परहेज़ किया। उन्होंने न तो किसी राजनीतिक सभा या जुलूस में भाग लिया और न ही कभी राजनीतिक भाषण दिया। उन्हें जो भी ज़िम्मेदारियाँ सौंपी गईं, उन्होंने पूर्ण निष्ठा से उन्हें निभाया। अंत में एक राष्ट्रपति के रूप में कार्य करते हुए वे अपने पीछे अपने आदर्शों की अनवरत श्रृंखला छोड़ गए।

अध्याय 10

शिक्षक दिवस

डॉ० सर्वपल्ली राधाकृष्णन का जन्म 5 सितंबर को हुआ था। पूरे भारतवर्ष में यह दिन 'शिक्षक दिवस' के रूप में मनाया जाता है।

राष्ट्रपति बनने के बाद डॉ० राधाकृष्णन का प्रथम जन्मदिन था। नेहरू जी इस दिन को यादगार बनाना चाहते थे। उनकी इच्छा थी कि इसे धूमधाम से मनाया जाए। इसके लिए उन्होंने तैयारियाँ भी आरंभ कर दी थी। इस अवसर पर देश-विदेश से अनेक विद्वानों को आमंत्रित करने का निश्चय किया गया।

राधाकृष्णन आरंभ से ही सादा जीवन जीने में विश्वास करते थे। उन्होंने अनेक देशों की यात्राएँ कीं; सम्मान प्राप्त किए, लेकिन उनकी जीवन-शैली में कोई परिवर्तन नहीं हुआ। वे पहले के समान साधारण पहनावे एवं रहन-सहन को महत्त्व देते थे। उनका मत था कि व्यक्ति को कभी भी अपने संस्कारों और संस्कृति को नहीं भूलना चाहिए। वे सदैव कहते थे कि व्यर्थ के कार्यों में खर्च होने वाले धन को समाज के कल्याण और विकास में खर्च करके उसका सदुपयोग किया जा सकता है। उनकी दृष्टि में स्वार्थवश सरकारी अथवा किसी दूसरे का धन प्रयोग में लाना घोर घृणित कर्म था। फिर भला वे नेहरूजी को इस आयोजन के लिए अनुमति कैसे दे सकते थे।

परंतु उन्होंने आज तक किसी को 'न' नहीं कहा था। अतएव उन्होंने नेहरूजी को बुलाया और उन्हें आयोजन के स्थान पर अपने जन्मदिन को शिक्षक दिवस के रूप में मनाने का प्रस्ताव रखा। चूँकि वे जीवन भर एक शिक्षक के रूप में रहे तथा उनके हृदय में शिक्षकों के लिए अगाध सम्मान कूट-कूटकर भरा हुआ

था, इसलिए इस अवसर पर शिक्षा के क्षेत्र में उत्कृष्ट कार्य करने वाले शिक्षकों को सम्मानित करने की इच्छा भी जताई। नेहरूजी को उनका प्रस्ताव अच्छा लगा। उन्होंने इसे सदन में रखा जिसे सर्वसम्मति से पारित कर दिया गया। उसी वर्ष से डॉ॰ राधाकृष्णन का जन्मदिन प्रतिवर्ष 'शिक्षक दिवस' के रूप में मनाया जाने लगा। साथ ही श्रेष्ठ शिक्षकों को उनके कार्यों के लिए सम्मानित किया जाने लगा। इससे न केवल शिक्षकों का सम्मान हुआ, अपितु शिक्षा के प्रति सम्मान की भावना जागृत हुई तथा शिक्षा का स्तर भी ऊँचा हुआ।

डॉ॰ राधाकृष्णन के 79वें जन्मदिन पर राष्ट्रपति भवन में पंडित जवाहर लाल नेहरू ने प्रथम बार शिक्षक दिवस मनाया। उसी दिन से प्रतिवर्ष 5 सितंबर को शिक्षक दिवस मनाया जाता है।

अध्याय 11

17 अप्रैल 1975

वर्ष 1967 में राष्ट्रपति पद से अवकाश प्राप्त करने के पश्चात् डॉ० राधाकृष्णन सपरिवार मद्रास (चैन्नई) में रहने लगे। अभी तक वे जीवन की व्यस्तता में सुनहरे वर्ष बिताकर आए थे जहाँ उन्हें भरपूर सम्मान प्राप्त हुआ था, परंतु अब उन्हें अपने परिवार के साथ रहना था। दोनों स्थितियों में बहुत अंतर था। पहले जहाँ काम करते रहने की आदत थी, वहीं अब एकदम से खालीपन। इतना महान व्यक्ति खाली कैसे बैठ सकता था! पुस्तकें व्यक्ति की सबसे अच्छी मित्र कही गई हैं। डॉ० राधाकृष्णन को बचपन से ही पुस्तकों से प्रेम था। अतएव खाली समय में उन्होंने पुन: पुस्तकों को अपना साथी बनाया। साथ ही उनकी लेखनी भी चलती रही।

खाली समय में वे अक्सर देश की प्रगति के विषय में सोचते रहते थे। विश्वभर में आध्यात्मिक गुरु कहलाने वाला यह देश अब किस दिशा की ओर जा रहा है; नई पीढ़ी किस दिशा में प्रगति कर रही है; उसका रुझान किस ओर है?—ऐसे अनेक प्रश्न उनके मस्तिष्क में उठते रहते थे। पाश्चात्य् संस्कृति का प्रादुर्भाव तथा भारतीय संस्कृति के पतन ने उन्हें अंदर से दु:खी कर दिया था। इसी के फलस्वरूप एक दिन अचानक मस्तिष्क में आघात होने के कारण उनकी आवाज़ चली गई। अब वे कुछ कह नहीं पाते थे। इसी दौरान घर में फिसलने से उनकी हड्डी टूट गई और उन्होंने बिस्तर पकड़ लिया। इसके बाद फिर वे बिस्तर से नहीं उठ सके।

17 अप्रैल 1975 को इस महान आत्मा ने दुनिया से अंतिम विदाई ली।

उनके निधन से सम्पूर्ण विश्व स्तब्ध रह गया। डॉ॰ राधाकृष्णन के रूप में उन्होंने एक ऐसे महान विचारक, दार्शनिक और लेखक को खो दिया था जिसने समाज को अध्यात्म और दर्शन की एक नई राह दिखाई थी। विश्व के कोने-कोने से शोक संदेश आने लगे। वे कितने लोकप्रिय और प्रभावशाली व्यक्तित्व के स्वामी थे, इसका निम्न शोक संदेशों से पता चलता है :

''डॉ॰ राधाकृष्णन के निधन के साथ ही संपूर्ण विश्व अनाथ हो गया। ऐसा प्रतीत हो रहा है, मानो किसी ने हमारे नेत्रों की ज्योति छीन ली।''

—एक प्रोफेसर ऑक्सफोर्ड

''डॉ॰ राधाकृष्णन का निधन भारतवर्ष के लिए वज्राघात के समान है। उनके बिना समाज की उन्नति की परिकल्पना केवल स्वप्न-मात्र है।''

—एक राजनेता

''उन्होंने शिक्षा के क्षेत्र में अभूतपूर्व कार्य करते हुए उसके विकास को एक नई दिशा दी। उनके इस अंमूल्य योगदान के लिए देश सदैव उनका ऋणी रहेगा।''

—शिक्षा मंत्री

''डॉ॰ राधाकृष्णन के सम्मान में कुछ बोलना सूर्य को दीपक दिखाने जैसा है। उनका व्यक्तित्व प्रशंसा और प्रसिद्धि से कहीं ऊपर है जिस तक पहुँच पाना किसी के वश में नहीं है।''

—एक राजनयिक

''वे सदैव समाज के उत्थान और विकास के लिए प्रयत्नशील रहते थे। हमारा कर्त्तव्य है कि हम उनके दिखाए मार्ग का अनुसरण करें। यही उनके लिए सच्ची श्रद्धांजलि होगी।''

—एक समाजशास्त्री

''अब जब-जब समाज कुपथ की ओर अग्रसर होगा, सभी की निगाहें राधाकृष्णन को ढूँढ़ेंगी। उनकी दार्शनिकता, विचारों और मार्गदर्शन का अभाव सदैव बना रहेगा।''

—एक धर्मगुरु

"डॉ० राधाकृष्णन ने अपने विचारों और लेखनी से समाज को नई दिशा दी। उनके इस योगदान को विश्व कभी विस्मृति नहीं कर पाएगा।"

—एक नागरिक

"डॉ० राधाकृष्णन एक निर्धन परिवार में जन्मे, लेकिन अथक परिश्रम और लगन से उन्होंने प्रसिद्धि के शिखर को विजयी किया। उनका जीवन हमारे लिए सदैव प्रेरणा का स्रोत रहेगा।"

—एक चिंतक

"भारत महापुरुषों की जन्मभूमि रहा है। डॉ० राधाकृष्णन भी इनमें से एक थे। उनकी सहृदयता, सरलता, सादगी और परोपकार की भावना ने उन्हें युगों-युगों तक अमर कर दिया है।"

—एक शिष्य

"शिक्षक के रूप में ज्ञान का अथाह भंडार देने वाले; लेखक के रूप में वास्तविकता के दर्शन करवाने वाले; विचारक के रूप में सामाजिक मंथन करने वाले तथा दार्शनिक के रूप में धर्म एवं अध्यात्म के द्वार खोलने वाले डॉ० राधाकृष्णन की कमी कोई व्यक्ति पूरा नहीं कर सकता। ऐसी पुण्यात्मा को मेरा कोटि-कोटि प्रणाम।"

—एक साथी प्रोफेसर

अध्याय 12

दार्शनिक राधाकृष्णन

डॉ॰ राधाकृष्णन संसार में शिक्षक, लेखक, विचारक और दार्शनिक के रूप में प्रसिद्ध रहे। वे स्वतंत्रता-प्राप्ति से पूर्व तक शिक्षक ही रहे। इसके अतिरिक्त उन्होंने समय-समय पर अपनी लेखनी का लोहा भी मनवाया। उनकी छवि सदैव चमकते सूर्य के समान तेजयुक्त रही।

भारतीय दर्शन

डॉ॰ राधाकृष्णन ने दर्शन के क्षेत्र में महत्त्वपूर्ण योगदान दिया। उसके अनुसार उनका दर्शन प्रत्ययवादी है। उनकी अद्वैत वेदांत की व्याख्या को नव वेदांत की संज्ञा से अलंकृत किया जाता है। कुछ ऐसे पश्चिमी विचारक भी रहे जिन्होंने हिंदू धर्म को संसार का निषेध करने वाला धर्म बताया। डॉ॰ राधाकृष्णन ने विभिन्न माध्यमों द्वारा सिद्ध किया कि हिंदू धर्म आध्यात्मिक होते हुए भी जीवन एवं जीव-जगत की सत्यता को सिद्ध करता है। उन्होंने नव वेदांत दर्शन के माध्यम से पूर्व और पश्चिम की दूरी को पाटने का कार्य किया।

राधाकृष्णन जब एम॰ए॰ के छात्र थे, उस समय एम॰ए॰ के पाठ्यक्रम में हिंदू दर्शन सम्मिलित नहीं था। तभी से उन्होंने मन में ठान लिया था कि वे हिंदू दर्शन को एम॰ए॰ के पाठ्यक्रम में सम्मिलित करवाकर ही दम लेंगे। उन्होंने गहन अध्ययन और अथक परिश्रम द्वारा भारतीय दर्शन पर 'द एथिक्स ऑफ द वेदांत एंड इट्स मेटाफिजिकल प्रोसपोजीशंस' नामक शोध तैयार कर स्वयं के लेखक होने के लक्षण प्रकट कर दिए थे। उनकी लगन का ही फल था कि हिंदू दर्शन को

एम०ए० के पाठ्यक्रम में सम्मिलित किया गया। इसके बाद राधाकृष्णन की लेखनी की धार और भी तेज होती गई।

वर्ष 1915 में प्रथम विश्वयुद्ध के मध्य की स्थिति को समझते हुए उन्होंने 'ए व्यू फ्रॉम इंडिया ऑन द वॉर' नामक लेख लिखा। यह लेख 15 मई 1915 को 'द एशियाटिक रिव्यू' में प्रकाशित हुआ। डॉ० राधाकृष्णन अपने लेखों के माध्यम से कहना चाहते थे कि पश्चिमी देशों को एशियाई देशों की संपदा को नष्ट करने अथवा उसे अपने अधीन रखने का कोई अधिकार नहीं है। उन्होंने यह भी कहा कि पश्चिमी देश अपने इन्हीं स्वार्थों को पूरा करने के लिए विश्वयुद्ध का कारण बने। राधाकृष्णन के ये लेख पूर्णत: आग लगाने वाले थे। हालाँकि उनके अन्य लेख प्रकाशित होने से रोक दिए गए।

डॉ० राधाकृष्णन ने अपने गहन अध्ययन को माध्यम बनाकर भारतीय दर्शन की श्रेष्ठता को सिद्ध किया। जब वे मैसूर के महाराजा कॉलेज में कार्यरत थे, उस समय उन्होंने एक पुस्तक लिखी थी जिसमें भारतीय दर्शन की श्रेष्ठता सिद्ध करते हुए कहा गया था कि पश्चिमी देशों के दर्शन में ईसाई धर्म ने किस प्रकार अपना प्रभुत्व जमा रखा है। उन्होंने इस पुस्तक में उस समय के पाश्चात्य विद्वानों के विचारों तथा भारतीय दर्शन के अंतर्गत उपनिषद में उल्लेखित विचारों का तुलनात्मक अध्ययन किया। इसके पीछे उनका उद्देश्य भारतीय दर्शन की गूढ़ता, प्राचीनता और गहनता का आभास करवाना था।

डॉ० राधाकृष्णन द्वारा लिखित यह पुस्तक वर्ष 1920 में प्रकाशित होकर अंतर्राष्ट्रीय स्तर पर प्रसिद्ध हुई। इस पुस्तक को लेकर कहीं उनका सम्मान हुआ तो कहीं उन्हें आलोचनाओं का सामना करना पड़ा। अनेक ईसाई धर्मावलंबियों ने तो इस पुस्तक को ईसाई धर्म पर घोर आघात करने वाली कहा। उस समय के अनेक विचारकों ने पुस्तक पर अपनी-अपनी टिप्पणियाँ की। परंतु आलोचना की अपेक्षा प्रशंसा की मात्रा अधिक थी।

तत्पश्चात् उन्होंने 'दी लेजिसी ऑफ इंडिया' नामक पुस्तक लिखी। इसमें उन्होंने भारतीय संस्कृति के विषय में विस्तार से लिखा। 'मॉडर्न इंडिया एंड दी वेस्ट' नामक पुस्तक के माध्यम से उन्होंने भारतीय सभ्यता एवं परंपरा की तुलना पाश्चात्य् सभ्यता और परम्पराओं से की। इसके अतिरिक्त उन्होंने महात्मा गाँधी से संबंधित पुस्तक 'माई सर्च फार ट्रुथ' लिखी।

डॉ॰ राधाकृष्णन ने अपने लेखों, निबंधों एवं पुस्तकों में ऐसा कोई विषय नहीं छोड़ा जिस पर उन्होंने अपने विचार न लिखे हों। चाहे आध्यात्मिक क्षेत्र हो, विज्ञान का क्षेत्र हो, सामाजिक विचार हो अथवा राजनीतिक दृष्टिकोण; उन्होंने प्रत्येक क्षेत्र को अपनी लेखनी द्वारा सजाया-सँवारा । प्रत्येक क्षेत्र में उन्होंने अपने गहन अध्ययन के पश्चात् अपने विचार प्रस्तुत किए।

भारत में नारी की स्थिति

डॉ॰ राधाकृष्णन के सामाजिक विचारों को देखा जाए तो उन्होंने पुरुष और महिलाओं से संबंधित अपने अनुभव एवं अध्ययन के आधार पर इस विषय में लिखा है। उनके अनुसार समाज में पुरुष और स्त्रियों में कोई भिन्नता नहीं है। प्राचीनकाल से ही भारत नारी प्रधान देश रहा है तथा नारी का सम्मान पुरुष से पहले होता है। यही कारण है कि स्त्री का नाम पुरुष से पहले लिया जाता है, चाहे फिर वह रामायण काल हो, महाभारत काल हो अथवा चारों युगों में से कोई भी युग। इसी प्रकार भगवान् के नामों; यथा—सीताराम, राधेकृष्ण, उमाशंकर इत्यादि में भी स्त्री का नाम पहले लिया जाता है। यदि आज के युग में भी देखा जाए तो स्त्री और पुरुष में सामाजिक स्तर पर कोई भिन्नता नहीं है; दोनों ही अपने-अपने स्तर पर कार्य करते हैं तथा दोनों के कारण ही समाज गतिशील है। किसी एक के कार्य बंद करने से समाज स्थिर हो सकता है इसलिए स्त्री को कम नहीं समझना चाहिए।

राधाकृष्णन ने स्पष्ट किया कि शास्त्रों एवं धार्मिक ग्रंथों में उल्लेखित है कि स्त्रियों को अपने मनानुसार कार्य करने की आज़ादी है। परंतु ज्यों-ज्यों समाज में परिवर्तन होते गए, लोगों के क्रियाकलाप बदलते गए। उन्हें देखते हुए स्त्रियों पर पाबंदियाँ लगनी आरंभ हो गईं। ये पाबंदियाँ मात्र पुरुष के अहम् या उसके पुरुषबल के कारण नहीं लगाई गई, अपितु स्त्रियों की सुरक्षा एवं उनके आत्म-सम्मान के कारण लगाई गई, जिससे समाज में उनका मान-सम्मान बना रहे। उनका यह भी मानना रहा है कि स्त्रियों को इतनी स्वतंत्रता नहीं देनी चाहिए कि वह अपने सभी कार्य स्वेच्छा से करे। स्त्री एवं पुरुष पृथ्वी पर दो ऐसे प्राणी हैं जिनके माध्यम से यह मृत्युलोक चलता है। दोनों के स्वभाव में भी अंतर होता है। जहाँ एक ओर पुरुष का स्वभाव कठोर होता है, वही दूसरी ओर स्त्रियों का स्वभाव नम्र एवं भावुक होता है। अतः इसी बात को ध्यान में रखते हुए स्त्रियों पर

पाबंदियाँ लागू की गई हैं जिससे उनकी भावुकता का कोई अनुचित लाभ न उठा सके। भावुकता में स्त्रियाँ गलत निर्णय भी कर सकती हैं, इसलिए उन्हें पाबंदियों में बाँधकर रखा गया और यह आवश्यक भी है। राधाकृष्णन ने यही विचार दिया कि स्त्रियों को स्वच्छंद नहीं रहना चाहिए। वह उसके लिए तथा समाज—दोनों के लिए खतरनाक हो सकता है। स्त्री की स्थिति को लेकर उन्होंने एक उपन्यास भी लिखा था जिसमें उन्होंने स्त्रियों की मर्यादा और आधुनिकता को स्थान देकर दोनों की व्यथा को दर्शाया है।

डॉ॰ राधाकृष्णन ने यह भी स्पष्ट किया कि स्त्रियों को सीमा में बाँधकर रखे जाने का तात्पर्य यह बिल्कुल नहीं है कि उनके विकास में बाधा बना जाए और उन्हें समुचित विकास का अवसर ही नहीं दिया जाए। ऐसा करना स्त्री के प्रति अत्याचार होता है। अत: स्त्रियों को समुचित अवसर देना चाहिए जिससे वह अपना विकास कर सके। केवल यह ध्यान रखा जाना चाहिए कि विकास सीमा के अंदर हो न कि सीमा से परे। पुरुषों को इस कार्य में उनकी सहायता भी करनी चाहिए, क्योंकि नारी का उत्थान ही समाज के उत्थान का कारण बनता है।

भारत में नारी का सम्मान इसी कारण से होता है कि उनमें पुरुषों के प्रति व्यवहार, सम्मान तथा धार्मिक कर्त्तव्यों का पालन कूट-कूटकर भरा है। लेकिन आधुनिकता की अंधी दौड़ में कुछेक स्थानों पर पश्चिमी चमक-दमक स्त्रियों पर हावी हो रही है। परंतु फिर भी लगभग अस्सी प्रतिशत भारतीय समाज भारतीय नारी का सम्मान उनके अच्छे व्यवहार आदि के कारण ही करता है। जबकि पश्चिमी देशों में स्त्रियों को केवल भोग का स्थान माना जाता है।

धर्म का महात्म्य

डॉ॰ राधाकृष्णन की भारतीय धर्म एवं दर्शन पर गहरी पकड़ थी और इसी के माध्यम से उन्हें विश्व में ख्याति प्राप्त हुई। धर्म के विषय में उन्होंने कहा है कि भारत में धर्म को सर्वोपरि माना जाता है और समस्त कर्मकांड धर्म पर आधारित हैं और धार्मिक कर्मकांड ही किसी व्यक्ति की सामाजिक स्थिति को स्पष्ट करता है; उसकी छवि को निर्धारित करता है।

भारत में आदिकाल से देखा जाए तो जो भी युद्ध हुए हैं, वह धर्म की स्थापना के लिए ही हुए हैं। चाहे वह देवासुर संग्राम हो अथवा महाभारत या

रामायण काल में होने वाले युद्ध हों—सभी का एकमात्र उद्देश्य धर्म की रक्षा और स्थापना रहा है। धर्म की स्थापना के लिए पापी का नाश करना सर्वोत्तम धर्म माना जाता है। यही गीतोपदेश भी है। भारत में धर्म एक सामाजिक बंधन नहीं है, अपितु धर्म भारतीयता का मूल है; मानव की पहचान है। धर्म भारतीय समाज से यह नहीं कहता कि वह इसे अपनाने के लिए बाध्य है, अपितु धर्म तो आदिकाल से अपनी सत्यता के बल पर भारतीय समाज में लोगों में रचा-बसा है। और इसी कारण लोग कर्त्तव्य-परायण हैं; धार्मिक हैं और उनके जीवन में धर्म का सर्वोच्च महत्त्व है। भारतीय समाज में सत्य का पालन करना मनुष्य अपना धर्म समझता है। सत्य भारतीय जीवन का आधार है। सत्य धर्म में छिपा है। सत्य का पालन ही धर्म है। ईश्वर को मानना सत्य है और सत्य का पालन धर्म है। धर्म ही ईश्वर है और यही कारण मनुष्य का ईश्वर में अटूट विश्वास बनाए रखता है।

राजा हरिश्चंद्र ने अपनी सत्यता के पालन के लिए अपना सर्वत्र त्याग दिया। सत्य का पालन करके धर्म का पालन किया। रामायण में श्रीराम ने अपने पिता की इच्छा का पालन करके वन-गमन किया और धर्म की स्थापना की। महाभारत में श्रीकृष्ण ने अर्जुन को उपदेश देकर सत्य पर चलते हुए धर्म की स्थापना करवाई।

डॉ॰ राधाकृष्णन के अनुसार धर्म के प्रतीक के रूप में हम ईश्वर को देखते हैं और उसकी उपासना करते हैं। और यही सच्ची उपासना हमें धर्म का पालन करते हुए ईश्वर से साक्षात्कार करवाती है। ईश्वर का साक्षात्कार हमारे अंतर्मन में उपस्थित समस्त विकारों को दूर कर मोह-माया से दूर करता है और मोह-माया का त्याग व उससे छुटकारा पाना आत्मा की शुद्धि कहलाता है। आत्मा अमर है, मनुष्य अपनी देह त्याग देता है। वह आत्मा की मुक्ति है। आत्मा फिर दूसरी देह को प्राप्त कर लेती है। जिस प्रकार हम खराब वस्त्रों को उतार देते हैं, ठीक उसी प्रकार आत्मा शरीर के जर्जर होने पर नया शरीर धारण करने के लिए इसका त्याग कर देती है।

पश्चिमी दर्शन के अनुसार लोगों का मानना है कि आत्मा का अमर होना अथवा मनुष्य का मोक्ष प्राप्त करना केवल भ्रांति मात्र है परंतु डॉ॰ राधाकृष्णन ने अध्ययन द्वारा सिद्ध किया कि भारतीयों की मान्यता के अनुसार मोक्ष प्राप्त करना ही सद्गति है। इसके लिए उन्होंने कहा है कि जीवन-चक्र ही जीवन की पूर्णता

है। यह चक्र जन्म से आरंभ होता है। बच्चा जन्म लेता है, उसमें आत्मा होती है। वह अपने कर्त्तव्य एवं धर्म का पालन करते हुए अपना जीवन चक्र पूर्ण करता है। तब आत्मा इसका त्याग करके दूसरी देह धारण कर लेती है। मनुष्य की सद्‌गति उसके कर्मों पर आधारित होती है। यह सद्‌गति उसे धर्म के पालन से मिलती है। मोक्ष प्राप्त करना मृत्यु नहीं है, अपितु मनुष्य की सद्‌गति अथवा एक पूर्ण जीवन की प्राप्ति है। यही कारण है कि भारतीय समाज में मोक्ष-प्राप्ति अभीष्ट है। यही जीवन का सर्वोत्तम लक्ष्य है तथा इसी की प्राप्ति के लिए भारतीय मनुष्य अपने कर्त्तव्य को करता हुआ धर्म का पालन करता है।

डॉ॰ राधाकृष्णन का अध्ययन इतना गहन था कि उन्होंने हर पहलू पर गहन छानबीन की थी। उन्होंने धर्म का विज्ञान से जुड़ाव सिद्ध किया। उनका मत था कि धर्म और विज्ञान दो भिन्न बातें नहीं हैं, अपितु कहीं-न-कहीं इनका आपसी तालमेल है। जहाँ एक ओर विज्ञान तर्क पर आधारित है, वहीं धर्म अध्यात्म पर आधारित है। लेकिन दोनों की मानव से अलग न होकर एकसाथ उसमें रचे-बसे हैं। भारतीय मान्यताएँ केवल एक ढकोसला न होकर कहीं न कहीं वैज्ञानिक आधारों पर आधारित हैं। वे किसी न किसी प्रकार से विज्ञान से जुड़ी हुई हैं, उनका वैज्ञानिक आधार है।

डॉ॰ राधाकृष्णन का कहना है कि बहुत सी वैज्ञानिक धारणाएँ ऐसी हैं जिन्हें इस प्रकार से सिद्ध नहीं किया जा सकता कि वे प्रत्यक्ष हों। लेकिन उनकी प्रमाणिकता को माना जाता है। ठीक उसी प्रकार धर्म के कार्य ऐसे हैं जो अनुभव द्वारा ही समझे जा सकते हैं और उनकी प्रमाणिकता को माना जाता है। विज्ञान के अंतर्गत सभी तरह की वैज्ञानिकता का समावेश होता है; चाहे वह जीव, वनस्पति, भौतिक रसायन, सामाजिक विज्ञान आदि कुछ भी हो। क्योंकि चाहे विज्ञान हो अथवा धर्म—इन दोनों का सीधा संबंध मानव से है।

धर्म में भिन्नता कब और क्यों आती है? जब व्यक्ति अलग-अलग धर्मों में आस्था रखते हैं, तभी भिन्नता उत्पन्न होती हैं। धर्म का अनुभव वही करता है जो इसे अपनाता है। क्योंकि जो अपनाएगा, वही इसको अनुभव करेगा। जबकि विज्ञान में ऐसा नहीं है। विज्ञान का एक सिद्धांत है तो उसका अनुभव सभी कर सकते हैं। इसलिए जिसके लिए विज्ञान का जो सिद्धांत बना है, वह उसी के लिए है और यही सिद्धांत उसे एक बनाए रखता है। विज्ञान मानव की संस्कृति का ही एक पक्ष है।

भारतीय मूल्यों की नैतिकता

डॉ॰ राधाकृष्णन ने आध्यात्मिक अध्ययन के निचोड़ से यही प्रमाणित किया कि भारतीय जीवन का मूल आधार धर्म एवं सत्य हैं। यही मूल आधार भारतीय दर्शन में रचे बसे हैं जो मनुष्य को अपने कर्त्तव्य पथ पर अग्रसर करते हैं। धर्म के पश्चात् आती है—भारतीय मूल्यों की नैतिकता।

नैतिकता मानव का वह आभूषण है जिसके चलते मानव वास्तव में मानव कहलाने के योग्य बनता है। मानव में नैतिक गुण होना अत्यावश्यक है और यह बात किसी दूसरे देश के बताने की नहीं कि भारतीय समाज में लोगों में नैतिकता का गुण सर्वोच्च रहा है। ये नैतिक मूल्य उन्हें धरोहर के रूप में समय-समय पर इस पावन भूमि पर जन्म लेने वाले महापुरुषों से विरासत में मिले हैं। लेकिन यह भारतीय समाज की ही प्रशंसा है कि उसने इन नैतिक मूल्यों को अपनाया; उन्हें अपने जीवन में उतारा, तभी यह परंपरा आगे बढ़ी। उन नैतिक मूल्यों की स्थापना हुई। लोग उनका निर्वाह करते हैं। तभी तो हम लोग दूसरों के नैतिक मूल्यों के संरक्षण की बात करते हैं।

भारतीय संस्कृति

भारतीय संस्कृति पर राधाकृष्णन ने 'भारतीय संस्कृति' नामक पुस्तक लिखी है। इसमें उन्होंने भारतीय संस्कृति की विस्तृत व्याख्या कर उसके विकास-क्रम का उल्लेख किया। भारतीय संस्कृति के अलग-अलग पहलू हैं। वे पहलू ही लोगों को विकास की ओर अग्रसर करते हैं। यहाँ एक ऐसी घटना का उल्लेख किया जाना आवश्यक है जिससे भारतीय संस्कृति के प्रति डॉ॰ राधाकृष्णन के दार्शनिक विचारों का पता चलता है।

एक बार डॉ॰ राधाकृष्णन ब्रिटेन में एक सभा को संबोधित कर रहे थे। तब एक अंग्रेज ने उनसे पूछा कि 'भारतीय संस्कृति क्या है? आपके यहाँ सभी एक जैसे नहीं हैं। भाषा, रहन-सहन, पहनावे तथा रंग के आधार पर उनमें भिन्नता है। क्या इसे भारतीय संस्कृति कहा जाता है?'

अंग्रेज की पूरी बात ध्यानपूर्वक सुनने के बाद राधाकृष्णन ने दार्शनिकता से परिपूर्ण प्रत्युत्तर में हास्य का रस जोड़ते हुए कहा—"घोड़ों का रंग और रूप भिन्न-भिन्न होता है, जबकि गधों का रंग-रूप लगभग एकसमान। जहाँ पर

भिन्नता होगी, वहीं पर विकास करके आगे बढ़ने के लक्ष्य दृष्टिगोचर होते हैं। मान लीजिए, जहाँ पर ज़मीन उबड़-खाबड़, कहीं ऊँची-नीची, कहीं पथरीली, कहीं हरी-भरी, कहीं पानी से भरी हुई तो कहीं सूखी हो तो मनुष्य उसे सुधारने के विषय में सोचेगा। जहाँ सूखी है, वहाँ पानी की व्यवस्था करेगा। जहाँ पथरीली हो, उसे उपजाऊ बनाने का प्रयास किया जाएगा। जहाँ गड्डे हैं, उन्हें भरकर समतल करेगा। जहाँ टीले हैं, उन्हें तोड़कर एक समान करेगा। परंतु जहाँ ज़मीन पहले से ही समतल होगी, वहाँ मनुष्य के करने के लिए कुछ नहीं होगा। विकास वहीं थम जाएगा; वह आगे विकास नहीं करेगा।''

यह सुनकर वह अंग्रेज निरुत्तर हो गया।

डॉ॰ राधाकृष्णन एक संपूर्ण आस्थावान हिंदू थे और उनकी भारतीय संस्कृति, दर्शन एवं धर्म आदि में गहरी आस्था थी। वे इनके विरुद्ध कभी कुछ नहीं सुनते थे। यदि किसी से ऐसा कुछ सुनते थे तो उसे वे ऐसा तर्कपूर्ण उत्तर देते थे कि सामने वाले की बोलती बंद हो जाती थी। साथ ही वे उसे भारतीय संस्कृति से संबंधित ऐसा ज्ञान देते थे कि उसके मन में इसके प्रति गहन आस्था उत्पन्न हो जाती थी। साथ ही इसके अध्ययन की लालसा भी मन में जागृत हो जाती थी।

अध्याय 13

विरोधियों की ईर्ष्या

किसी की उन्नति से ईर्ष्या करना तथा उसे नीचा दिखाने के लिए हर संभव प्रयास करना—मानव स्वभाव का एक महत्त्वपूर्ण भाग माना गया है। यद्यपि यह मानव-मस्तिष्क की विकृत मानसिकता का प्रतीक है, तथापि अधिकांश लोग इससे प्रभावित रहते हैं। भारत में इस मानसिकता के अनेक लोग मिल जाएँगे जो परस्पर ईर्ष्या, द्वेष अथवा प्रसिद्धि पाने के लिए किसी भी प्रकार के हथकंडे अपनाने से पीछे नहीं रहते।

डॉ॰ राधाकृष्णन को जहाँ एक ओर विश्वव्यापी ख्याति मिल रही थी; पश्चिमी दार्शनिक और विचारक उनका सम्मान कर रहे थे, वहीं दूसरी ओर कुछ भारतीय विद्वानों में उनके प्रति जलन एवं कटुता की भावना भी पनपने लगी थी। चूँकि राधाकृष्णन के समक्ष उनका ज्ञान, प्रभाव और वर्चस्व धूमिल हो रहा था, इसलिए ईर्ष्यावश वे उन्हें नीचा दिखाने का अवसर ढूँढ़ते रहते थे।

कलकत्ता में रामानंद चटर्जी और जदुनान सिन्हा नामक दो विद्वान व्यक्ति रहते थे। वे भी स्वयं को राधाकृष्णन के समान श्रेष्ठ दार्शनिक और विचारक समझते थे। परंतु जिस कोहिनूर की चमक से संपूर्ण विश्व प्रकाशित हो रहा था, उसके लिए भला ये काँच के टुकड़े किस काम के थे। धीरे-धीरे उनके मन डॉ॰ राधाकृष्णन के प्रति ईर्ष्या और द्वेष से भर गए। उन्होंने निश्चय कर लिया कि वे किसी न किसी तरह से उनके प्रभाव को समाप्त करके ही रहेंगे। इसके लिए उन्होंने कुछ अन्य विद्वानों को भी अपनी ओर कर लिया।

वर्ष 1929 में उन्होंने डॉ॰ राधाकृष्णन पर मिथ्या आरोप लगाने आरंभ कर दिए। वे किसी न किसी तरह से उनका विरोध करते रहते थे। कभी उन्हें मानसिक परेशानी देने का प्रयास करते तो कभी जनसमूह को एकत्रित करके उनके विरुद्ध सभाएँ करते। परंतु राधाकृष्णन निर्विकार भाव से शांतिपूर्वक उनके इन कृत्यों को देखते रहे। उनके मन में उनके लिए क्रोध के स्थान पर दया उत्पन्न होती थी।

लेकिन जब पानी सिर से ऊपर जाने लगा तो कुछ मित्रों ने डॉ॰ राधाकृष्णन को उनके विरुद्ध कार्यवाही करने के लिए कहा। तदंतर उन्होंने कलकत्ता के उच्च न्यायालय में उन पर मानहानि का मुकदमा कर दिया और दस हज़ार रुपए की क्षतिपूर्ति की माँग की।

प्रत्युत्तर में उन लोगों ने राधाकृष्णन पर आरोप लगाते हुए उन पर बीस हज़ार का दावा ठोक दिया। उनका तर्क था कि राधाकृष्णन ने धार्मिक तथ्यों की गलत व्याख्याएँ करके उनका अपने स्वार्थों की पूर्ति के लिए अनुचित उपयोग किया है। इस प्रकार उन्होंने डॉ॰ राधाकृष्णन को व्यर्थ के झंझट में उलझा दिया था।

मुक़दमा आरंभ हुआ; तारीख पर तारीख मिलने लगी। लगभग चार वर्षों तक इस मुकदमे का कोई परिणाम नहीं निकला। राधाकृष्णन ऐसे पचड़ों से दूर रहते थे; उनका स्वभाव शांत और सरल था। वे शांतिपूर्वक अपना कार्य करना पसंद करते थे, लेकिन इस मुकदमे से उनकी मानसिक परेशानी में और बढ़ोतरी हुई। वे न तो लेखन पर समुचित ध्यान दे पा रहे थे न ही किसी अन्य विषय पर। मुकदमा लड़ने लगे तो स्वाभाविक है कि अर्थहानि भी निश्‍चित थी। आमदनी का अधिकांश भाग मुकदमे में खर्च होने से उनकी आर्थिक तंगी बढ़ गई। इधर पारिवारिक आवश्यकताओं में कटौती और मस्तिष्क के उलझे रहने से उनका मन हताशा और निराशा से भर गया।

रवींद्रनाथ टैगोर को जब इस मुकदमे के बारे में पता चला तो वे डॉ॰ राधाकृष्णन से मिले। तदंतर दोनों पक्षों को बुलाकर, मध्यस्थता कराते हुए उनमें समझौता करवाया। उन्होंने दोनों की ओर से मुक़दमा निरस्त करवाकर आपसी मनमुटाव को दूर कर दिया। हालाँकि मुकदमा समाप्त हो गया था, परंतु राधाकृष्णन के मन में एक टीस-सी रह गई। 'क्यों लोग अपनों की उन्नति से

ईर्ष्या करते हैं? यह ईर्ष्यायुक्त मानसिकता कब समाप्त होगी? कब लोग एकसाथ मिलकर उन्नति की सोचेंगे?'—उनके मस्तिष्क में ऐसे अनगिनत प्रश्न उठ खड़े हुए थे।

राधाकृष्णन ऐसे व्यक्तित्व के स्वामी थे जो किसी भी व्यक्ति को मंत्रमुग्ध कर देता था। उनकी शालीनता और सरलता अनजाने व्यक्ति के मन में भी उनकी कभी न मिट पाने वाली छवि छोड़ जाती थी। चाहे भारतीय विद्वान हो अथवा विदेशी विचारक; प्रसिद्ध व्यक्ति हो या साधारण आदमी—उनका व्यवहार सभी के लिए एकसमान रहता था। वे विद्वत्ता अथवा किसी भी अन्य कारण से किसी के साथ भेदभाव नहीं करते थे। सभी से मित्रवत मिलते थे और सदा के लिए उनके हो जाते थे। ऐसी स्थिति में मुकदमे वाली घटना ने उनके अंतर्मन को गहन आघात पहुँचाया था। परंतु उनका चिंतन-मनन ऐसा था कि वे किसी को स्वयं पर हावी नहीं होने देते थे। जो व्यक्ति दर्शन का ज्ञाता हो, वह अपने मन में चल रही उथल-पुथल को आत्मिक ज्ञान से ही सँभाल सकता है और वही राधाकृष्णन ने भी किया। शीघ्र ही वे इस झंझट से उबरकर पुनः अपने कार्य में लग गए।

अध्याय 14

लेखन कार्य

डॉ॰ राधाकृष्णन जितने महान दार्शनिक और विचारक थे, उतने ही प्रतिभावान लेखक भी थे। उन्होंने बीस वर्ष की अल्पायु से ही लिखना आरंभ कर दिया था। उनकी लेखनी एक बार जो चलनी प्रारंभ हुई तो जीवन के अंतिम सफर तक निरंतर ज्ञान की नई-नई परिभाषाएँ लिखती रही। राष्ट्रपति पद से अवकाश प्राप्त करने के बाद डॉ॰ राधाकृष्णन के पास समय का अभाव समाप्त हो गया था। अतएव अपने रिक्त समय का उन्होंने भरपूर लाभ उठाया और रात-दिन पुस्तकों के अध्ययन में डूब गए। इसके अतिरिक्त गहन अध्ययन से उन्होंने जो कुछ समझा और जाना, उसे लेखनी के माध्यम से कागज़ पर उतार दिया।

अन्य लेखकों के विपरीत डॉ॰ राधाकृष्णन का लेखन एक जैसा न होकर समय की आवश्यकताओं और परिस्थितियों पर आधारित था। ऐसा नहीं है कि भारतीय दर्शन से ओत-प्रोत होने के कारण वे उसे ही लेखन के लिए चुनते थे। उनकी लेखनी वर्तमान परिस्थितियों पर भी आग उगलती थी। जैसे प्रथम तथा द्वितीय विश्वयुद्ध के समय उन्होंने अपनी लेखनी के माध्यम से लोगों को युद्ध-संबंधी गुणों-अवगुणों के साथ-साथ उसके होने का कारण भी बताया। साथ ही समाज एवं उसके विकास, नैतिकता, धर्म, लोगों के रहन-सहन, पूर्व एवं पश्चिमी सभ्यता का आकलन और उनके बीच के अंतर को भी लेखनी द्वारा लोगों के समक्ष रखा।

राधाकृष्णन किसी भी विषय पर लिखने से पूर्व उसका गहन अध्ययन करते हुए उसकी जड़ तक पहुँचते थे। तदंतर अपने विचारों को उस विषय के

साथ जोड़कर वे लोगों को उसकी अच्छी-बुरी बातों से अवगत करवाते थे। यही कारण था कि उनकी लेखनी से निकलने वाला एक-एक शब्द लोगों के दिलो-दिमाग पर इस कदर छा जाता था कि वे उन्हें बारम्बार पढ़ने-सुनने के लिए व्याकुल हो उठते थे।

डॉ॰ राधाकृष्णन ने अनेक पुस्तकें लिखीं। विदेशों में दिए गए उनके भाषण और व्याख्यान भी समय-समय पर प्रकाशित होते रहे। यहाँ उनके मुख्य लेखों, पुस्तकों एवं व्याख्यानों आदि के बारे में चर्चा करना समीचीन होगा।

'दी ऐथिक्स ऑफ वेदांत एंड इट्स मेटाफिज़िकल प्रोसपोजिंस'

जब वे बीस वर्ष के थे, तब 'दी ऐथिक्स ऑफ वेदांता एंड इट्स मेटाफिज़िकल प्रोसपोजिंस' नामक पुस्तक लिखकर उन्होंने असाधारण उपलब्धि प्राप्त की। अथक परिश्रम, लगन और गहन अध्ययन से लिखी गई इस पुस्तक ने न केवल भारतीय दर्शन की श्रेष्ठता सिद्ध की, बल्कि इसे एम॰ए॰ के पाठ्यक्रम में भी सम्मिलित करवाया। उनकी यह पुस्तक वर्ष 1908 में प्रकाशित हुई थी।

'असेसियल्स ऑफ साइकोलॉजी'

डॉ॰ राधाकृष्णन ने दर्शनशास्त्र में उनके दिए गए व्याख्यानों पर आधारित 'असेसियल्स ऑफ साइकोलॉजी' नामक पुस्तक लिखी। यह पुस्तक देश-विदेश में बहुत प्रसिद्ध हुई। यह पुस्तक वर्ष 1912 में सर्वप्रथम लंदन से प्रकाशित हुई, तदंतर भारत में इसका प्रकाशन हुआ।

'दी फिलॉसफी ऑफ रवींद्रनाथ टैगोर'

डॉ॰ राधाकृष्णन आरंभ से ही रवींद्रनाथ टैगोर से अत्यंत प्रभावित थे। उन्होंने उनके साहित्य का गहन अध्ययन किया था। इसको आधार बनाकर उन्होंने 'दी फिलॉस्फी ऑफ रवींद्रनाथ टैगोर' नामक पुस्तक लिखी। इस पुस्तक का प्रकाशन वर्ष 1918 में हुआ।

'द रेज़न ऑफ रिलीजन इन कॉनटेम्परी फिलासफी'

वर्ष 1920 में डॉ॰ राधाकृष्णन ने एक ऐसी लोकप्रिय पुस्तक लिखी जिसने उन्हें विश्व में एक अलग पहचान दी। इस पुस्तक का नाम था 'द रेज़न ऑफ रिलीजन इन कॉनटेम्परी फिलास्फी'। पुस्तक में उन्होंने भारतीय और पश्चिमी दर्शन को आमने-सामने प्रस्तुत किया था। उन्होंने इन्हें विस्तृत रूप से बताया , परंतु इनका तुलनात्मक अध्ययन न करके श्रेष्ठता का निर्णय पाठकों पर छोड़

दिया था। पुस्तक में विश्वभर के तत्कालीन महान दार्शनिकों एवं विचारकों की टिप्पणियाँ भी प्रकाशित हुई थीं।

'इंडियन फिलॉसफी'

वर्ष 1923 में डॉ॰ राधाकृष्णन ने 'इंडियन फिलॉसफी' नामक पुस्तक लिखी। यह पुस्तक उनके पिछले पाँच-छ: वर्षों का निचोड़ था जिनमें उन्होंने भारतीय दर्शन और अध्यात्म का गहन अध्ययन किया था। सर्वप्रथम यह पुस्तक दो खंडों में प्रकाशित की गई। प्रथम खंड वर्ष 1923 में, जबकि द्वितीय खंड वर्ष 1927 में प्रकाशित हुआ। वर्ष 1927 में ही लंदन में इन दोनों खंडों को मिलाकर 'इंडियन फिलॉसफी' नाम से प्रकाशित किया गया। 1480 पृष्ठों वाली इस पुस्तक में डॉ॰ राधाकृष्णन ने भारतीय सभ्यता के महत्त्वपूर्ण पक्ष लोगों के समक्ष उजागर किए थे।

'हिंदू व्यू ऑफ लाइफ'

वर्ष 1926 में डॉ॰ राधाकृष्णन को व्याख्यान देने के लिए लंदन में आमंत्रित किया गया। वहाँ उन्होंने चार महत्त्वपूर्ण व्याख्यान दिए जो हिंदू जीवन-पद्धति पर आधारित थे। बाद में ये व्याख्यान पुस्तकबद्ध होकर 'हिंदू व्यू ऑफ लाइफ' के रूप में प्रकाशित हुए। इसमें राधाकृष्णन ने हिंदुओं के दृष्टिकोण से जीवन के महत्त्व पर प्रकाश डाला। साथ ही जीवन जीने के संदर्भ में उन्होंने हिंदुओं की जीवन-पद्धति का उल्लेख किया।

'द रिलीजन वी नीड'

अधिकांश युवक ईसाई मिशनरीज़ द्वारा चलाए जा रहे विद्यालयों-कॉलेजों में शिक्षा ग्रहण करते हुए अपनी धार्मिक पृष्ठभूमि को तुच्छ समझने लगे थें। धर्म की उपयोगिता और आवश्यकता को लेकर उनमें संदेह उत्पन्न होने लग गए थे। ऐसी स्थिति में डॉ॰ राधाकृष्णन नें 'द रिलीजन वी नीड' नामक पुस्तक लिखी जो वर्ष 1928 में प्रकाशित हुई। इस पुस्तक में उन्होंने धर्म की आवश्यकता का महत्त्व स्पष्ट किया था।

'एन आइडियलिस्ट व्यू ऑफ लाइफ'

डॉ॰ राधाकृष्णन का लेखन कार्य वर्तमान समय और परिस्थितियों पर आधारित होता था। इसलिए जब समाज में नैतिक मूल्यों का पतन होने लगा, तब उन्होंने 'एन आइडियलिस्ट व्यू ऑफ लाइफ' नामक पुस्तक लिखी। यह पुस्तक

उनके व्याख्यानों का संकलित रूप थी जो वर्ष 1932 में प्रकाशित हुई। इस पुस्तक में उन्होंने जीवन के आदर्शों एवं उसके नैतिक मूल्यों की विस्तृत व्याख्या की थी।

'ईस्ट एंड वेस्ट इन रिलीजन'

डॉ॰ राधाकृष्णन ने 'ईस्ट एंड वेस्ट इन रिलीजन' नामक एक पुस्तक लिखी। इस पुस्तक में उन्होंने पूर्वी एवं पश्चिमी देशों में प्रचलित धर्मों की विशेषताएँ तथा उनके बीच की भिन्नताओं को उल्लेखित किया था। इस पुस्तक का प्रकाशन वर्ष 1933 में हुआ।

'कान्टेम्परी इंडियन फिलॉसफी'

वर्ष 1936 में उनकी 'द हार्ट ऑफ हिंदुस्तान' तथा 'कान्टेम्परी इंडियन फिलॉसफी' नामक पुस्तकें प्रकाशित हुईं। इनमें 'कान्टेम्परी इंडियन फिलॉसफी' नामक पुस्तक उनके निबंधों का संग्रह थी जिसमें समकालीन भारतीय दर्शन को उल्लेखित किया गया था। साथ ही इसी वर्ष उन्होंने महात्मा गाँधी से प्रभावित होकर उनकी आत्मकथा पर आधारित 'माई सर्च फॉर ट्रुथ' पुस्तक लिखी। परंतु इसका प्रकाशन इस वर्ष न होकर बाद में हुआ।

'गौतम द बुद्ध'

डॉ॰ राधाकृष्णन ने ब्रिटिश अकादमी में महात्मा बुद्ध के जीवन-दर्शन पर आधारित महत्त्वपूर्ण व्याख्यान दिए थे। इन व्याख्यानों को 'गौतम द बुद्ध' नामक पुस्तक के रूप में संकलित कर प्रकाशित किया गया। इस पुस्तक का प्रकाशन वर्ष 1938 में हुआ।

'ईस्टर्न रिलीजंस एंड वेस्टर्न थॉट'

वर्ष 1939 में डॉ॰ राधाकृष्णन ने पश्चिमी लोगों की सोच के आधार पर भारतीय धर्म के बारे में जो लिखा, वह 'ईस्टर्न रिलीजंस एंड वेस्टर्न थॉट' नाम से पुस्तक-रूप में प्रकाशित हुआ। इसी वर्ष गाँधीजी के जीवन तथा उनके कार्यों को लेकर उन्होंने निबंध तैयार किए जो निबंध-संग्रह के रूप में प्रकाशित हुए।

'इंडिया एंड चाइना'

वर्ष 1944 से 1949 तक का अधिकांश समय डॉ॰ राधाकृष्णन ने व्याख्यान देने तथा लेखन में लगाया। इस दौरान उन्होंने अनेक महत्त्वपूर्ण रचनाएँ कीं। इसी

वर्ष उन्होंने 'इंडिया एंड चाइना' के अंतर्गत चीन और भारत के आपसी संबंधों पर लिखा। साथ ही राजनीतिक शिक्षा और युद्ध को लेकर उन्होंने जो विचार लोगों के समक्ष रखे, उन्हें भी प्रकाशित किया गया।

'इज दिस पीस'

वर्ष 1945 में द्वितीय विश्वयुद्ध समाप्त हुआ। विश्वयुद्ध के उपरांत की स्थिति अत्यंत दयनीय और शोचनीय थी। आर्थिक मंदी पूरे वेग पर थी। इसके अतिरिक्त अनेक समस्याएँ उठ खड़ी हुई थीं। युद्ध में प्रत्येक देश को विनाश का सामना करना पड़ा था। ऐसी स्थिति को देखकर डॉ॰ राधाकृष्णन का मन द्रवित हो आया और उसी स्थिति को स्पष्ट करते हुए 'इज दिस पीस' नामक पुस्तक लिखी। इसमें उन्होंने युद्ध के कारणों तथा उसके उद्देश्य-पूर्ति के बदले होने वाले विनाश के विषय में भी लिखा।

वर्ष 1948

डॉ॰ राधाकृष्णन भगवद् गीता से अत्यंत प्रभावित थे। इस पर उन्होंने गहन अध्ययन किया था, जिसे वर्ष 1948 में प्रकाशित किया गया।

वर्ष 1950

इस वर्ष डॉ॰ राधाकृष्णन की पुस्तक 'द धम्मपद' का प्रकाशन हुआ। इस दौरान वे सोवियत संघ में भारतीय राजदूत के रूप में नियुक्त थे।

वर्ष 1952

डॉ॰ राधाकृष्णन अनेक वर्षों से पूर्वी एवं पश्चिमी देशों के दर्शन की प्राचीनता और उसके इतिहास का गहन अध्ययन कर रहे थे। अध्ययन उपरांत उन्होंने एक पुस्तक लिखी जो वर्ष 1952 में 'हिस्ट्री ऑफ फिलॉसफी इन इस्टर्न एंड वेस्टर्न' नाम से प्रकाशित हुई।

वर्ष 1953

राधाकृष्णन द्वारा लिखित पुस्तक 'दी प्रिंसिपल ऑफ उपनिषद्' का प्रकाशन वर्ष 1953 में हुआ था। इस पुस्तक में उन्होंने उपनिषदों के सिद्धांतों और आदर्शों का विस्तृत विवेचन प्रस्तुत किया था।

वर्ष 1955

पूर्वी एवं पश्चिमी सभ्यता पर राधाकृष्णन द्वारा दिए गए व्याख्यानों को 'ईस्ट एंड वेस्ट' नामक पुस्तक के रूप में प्रकाशित किया गया।

वर्ष 1956–57

वर्ष 1956 में डॉ॰ राधाकृष्णन द्वारा दिए गए भाषणों को संकलित कर पुस्तक-रूप में प्रकाशित किया गया। यह पुस्तक दो खंडों में विभाजित थी। इसमें से एक खंड वर्ष 1956 तथा दूसरा खंड 1957 में प्रकाशित हुआ था।

वर्ष 1960

इस वर्ष डॉ॰ राधाकृष्णन द्वारा रचित 'ब्रह्मसूत्र' प्रकाशित हुआ।

वर्ष 1967

दुनिया में तीव्रता से परिवर्तन हो रहे थे। पुरानी मान्यताओं, परंपराओं तथा रीतियों का पतन होने लगा था। ऐसी स्थिति में धर्म की महत्ता पर प्रकाश डालते हुए डॉ॰ राधाकृष्णन ने 'रिलिज़न इन चेंजिंग वर्ल्ड' नामक पुस्तक लिखी। इसका प्रकाशन वर्ष 1967 में हुआ। इसी वर्ष वे राष्ट्रपति पद से निवृत्त होकर सपरिवार मद्रास (चेन्नई) चले गए और वहीं रहते हुए लेखन कार्य करने लगे।

'द क्रिएटिव लाइफ'

वर्ष 1975 में डॉ॰ राधाकृष्णन द्वारा लिखित पुस्तक 'द क्रिएटिव लाइफ' का प्रकाशन हुआ।

यद्यपि इसी वर्ष डॉ॰ सर्वपल्ली राधाकृष्णन का देहांत हो गया, तथापि मृत्यु के उपरांत भी उनके द्वारा लिखित कुछ पुस्तकों का प्रकाशन हुआ। ये पुस्तकें निम्न वर्णित हैं :

'लिविंग विद परपज'

डॉ॰ राधाकृष्णन की मृत्यु उपरांत उनकी सर्वप्रथम पुस्तक 'लिविंग विद परपज' प्रकाशित हुई। पुस्तक में उन्होंने जीवन और उसके उद्देश्य के विषय में विस्तृत विवेचन प्रस्तुत किया। इसके अंतर्गत उन्होंने जीवन जीने की शैली और जीवन के उद्देश्य पर अधिक ज़ोर दिया। वर्ष 1977 में इस पुस्तक का प्रकाशन हुआ था।

'ट्रू नालेज'

'ट्रू नालेज' उनकी मृत्यु के उपरांत प्रकाशित होने वाली द्वितीय पुस्तक थी। इस पुस्तक का प्रकाशन वर्ष 1978 में हुआ था।

'इंडियन रिलीजंस'

वर्ष 1979 में डॉ॰ राधाकृष्णन द्वारा लिखित पुस्तक 'इंडियन रिलीजंस' का प्रकाशन हुआ। यह पुस्तक भारतीय धर्मों पर आधारित है। इसमें विभिन्न धर्मों के इतिहास, दर्शन और महत्ता पर प्रकाश डाला गया है।

'टुवर्डस ए न्यू वर्ल्ड'

वर्ष 1980 में डॉ॰ राधाकृष्णन द्वारा लिखित अंतिम पुस्तक 'टुवर्डस ए न्यू वर्ल्ड' प्रकाशित हुई। आधुनिकता की अंधी दौड़ में सम्मिलित विश्व को देखकर डॉ॰ राधाकृष्णन के मन में उथल-पुथल मची हुई थी। विश्व अपनी सभ्यता और संस्कृति की जड़ों को उखाड़ रहा था; ऐसी स्थिति में डॉ॰ राधाकृष्णन ने अपनी व्यथा को शब्दों में पिरोकर कागज़ पर उतारा। उन्होंने नई दुनिया की ओर बढ़ते कदमों को इन परिवर्तनों का कारण बताया।

डॉ॰ राधाकृष्णन ने अपने अनुभव और विद्वत्ता को शब्दों में पिरोकर पुस्तकों के माध्यम से लोगों तक पहुँचाया। भारतीय धर्म और संस्कृति के संदर्भ में उनके विचार एवं दार्शनिकता मात्र पढ़ने के विषय नहीं हैं, बल्कि उन्हें जीवन में उतारकर उनका अनुसरण करना आवश्यक है। वर्तमान समय में वे ही मनुष्य के विचलित मन को स्थिर करने और उचित मार्गदर्शन करने के स्रोत हैं।

अध्याय 15

पद-प्रतिष्ठा एवं सम्मान

डॉ॰ सर्वपल्ली राधाकृष्णन ऐसे महान विचारक, विद्वान और दार्शनिक व्यक्ति रहे जिनके जीवन में समय-समय पर अनेक सम्मानित क्षण आए। कभी उन्हें किसी महत्त्वपूर्ण पद पर प्रतिष्ठित किया गया तो कभी उपाधि देकर सम्मानित किया गया। उनके जीवन में बार-बार ऐसे अवसर आते रहे, लेकिन वे कभी भी किसी प्रतिष्ठा या सम्मान से बँधकर नहीं रहे; न ही उन्होंने कभी किसी पड़ाव को अंतिम समझकर अपने कार्य की इतिश्री समझी। वे सदैव एक जिज्ञासु और मुमुक्षु व्यक्ति की भाँति आगे ही आगे बढ़ते गए। उनके जीवन का लक्ष्य मात्र प्रसिद्धि पाना नहीं था, बल्कि वे ज्ञान के अथाह सागर को लोगों तक पहुँचाना चाहते थे।

राजनीतिक दृष्टिकोण से देखा जाए तो डॉ॰ सर्वपल्ली राधाकृष्णन को निम्न वर्णित प्रतिष्ठित एवं महत्त्वपूर्ण पद प्राप्त हुए :

प्रथम भारतीय राजदूत

वर्ष 1949 में भारत के प्रथम प्रधानमंत्री पंडित जवाहर लाल नेहरू ने डॉ॰ राधाकृष्णन को भारत के प्रथम राजदूत के रूप में पद-प्रतिष्ठित किया। भारतीय राजदूत के रूप में उनकी प्रथम नियुक्ति सोवियत संघ रूस में हुई थी। वे इस पद पर वर्ष 1952 तक कार्यरत रहे।

प्रथम भारतीय उपराष्ट्रपति

स्वतंत्रता उपरांत भारत में संविधान का निर्माण किया गया, जिसके अंतर्गत उपराष्ट्रपति पद की घोषणा हुई। वर्ष 1952 में डॉ० राधाकृष्णन को भारत का प्रथम उपराष्ट्रपति बनने का गौरव प्राप्त हुआ। उनका कार्यकाल पाँच वर्ष का था। तदंतर वर्ष 1957 में वे लगातार दूसरी बार इस पद के लिए पुन: चयनित हुए। इस प्रकार वे वर्ष 1952 से लेकर वर्ष 1962 तक निरंतर इस पद को शोभायमान करते रहे।

भारत के राष्ट्रपति

1962 का वर्ष डॉ० राधाकृष्णन के जीवन में महत्त्वपूर्ण क्षण लेकर आया। इस वर्ष वे भारत के प्रथम नागरिक चुने गए, अर्थात् डॉ० राजेन्द्र प्रसाद के बाद राष्ट्रपति पद के लिए सर्वसम्मति से डॉ० राधाकृष्णन का चयन हुआ। वे चुनाव में अपने प्रतिद्वंद्वी को भारी मतों से हराकर इस पद तक पहुँचे थे। वे वर्ष 1962 से 1966 तक इस पद पर कार्यरत् रहे।

डॉ० राधाकृष्णन ने उपर्युक्त समस्त पद राजनीतिक जीवन से दूर रहते हुए अपनी विद्वत्ता के बल पर प्राप्त किए थे। वे न तो कभी किसी राजनीतिक पार्टी का हिस्सा बनकर रहे, और न ही किसी राजनीतिक सभा में सम्मिलित हुए।

इसके अतिरिक्त निम्न वर्णित विश्वविद्यालयों द्वारा उन्हें 'डॉक्टरेट' की उपाधियों से सम्मानित किया गया :

तेहरान यूनिवर्सिटी

वर्ष 1963 में तेहरान यूनिवर्सिटी ने सर्वप्रथम राधाकृष्णन को उनकी विद्वत्ता के लिए 'डाक्टरेट' की उपाधि से सम्मानित किया था। तभी से वे डॉ० राधाकृष्णन कहलाने लगे।

त्रिभुवन यूनिवर्सिटी

साहित्य के क्षेत्र में अमूल्य योगदान के लिए वर्ष 1963 में नेपाल की त्रिभुवन यूनिवर्सिटी ने डॉ० राधाकृष्णन को 'डॉक्टरेट ऑफ लिटरेचर' की उपाधि से विभूषित किया।

पेनेसिलवेनिया यूनिवर्सिटी

वर्ष 1963 में ही पेनेसिलवेनिया यूनिवर्सिटी ने डॉ॰ राधाकृष्णन को 'डॉक्टरेट ऑफ लॉ' की उपाधि से सम्मानित किया। इस प्रकार केवल एक वर्ष में ही तीन विश्वस्तरीय विश्वविद्यालयों ने डॉ॰ राधाकृष्णन को डॉक्टरेट की उपाधि प्रदान की।

मॉस्को यूनिवर्सिटी

डॉ॰ राधाकृष्णन भारत के प्रथम राजदूत नियुक्त होकर सर्वप्रथम रूस की राजधानी मॉस्को में कार्यरत हुए थे। वहाँ उनकी विद्वता, दार्शनिकता और विचारों से समस्त रूसी बुद्धिजीवी प्रभावित थे। इसी के चलते वर्ष 1964 में रूस की प्रसिद्ध मास्को यूनिवर्सिटी ने डॉ॰ राधाकृष्णन को आमंत्रित कर डॉक्टरेट की उपाधि प्रदान की।

नेशनल यूनिवर्सिटी

डॉ॰ राधाकृष्णन इतने प्रसिद्ध बुद्धिजीवी थे कि विश्व का कोना-कोना उनके नाम से भली-भाँति परिचित था। उनकी प्रसिद्धि प्रत्येक ओर फैली हुई थी। इसी के फलस्वरूप आयरलैंड की नेशनल यूनिवर्सिटी ने डॉ॰ राधाकृष्णन को 'डॉक्टरेट ऑफ लॉ' की उपाधि से सम्मानित किया।

इसके अतिरिक्त लंदन की ऑक्सफोर्ड यूनिवर्सिटी ने भी अनेक बार डॉ॰ राधाकृष्णन को महत्त्वपूर्ण पदों तथा उपाधियों से सम्मानित किया, जो उनके जीवन के यादगार क्षणों में से हैं। ऑक्सफोर्ड से इतना सम्मान प्राप्त करने वाले वे एकमात्र भारतीय थे।

डॉ॰ राधाकृष्णन का व्यक्तित्व इतना विराट् था कि लोग उन्हें सम्मानित करने में अपना ही सम्मान समझते थे। स्वभाविक है महान विचारक एवं बुद्धिजीवी के साथ कौन अपना नाम नहीं जोड़ना चाहेगा। यही कारण है कि विभिन्न विश्वविद्यालयों एवं संस्थाओं में उन्हें सम्मानित करने की होड़-सी लगी रहती थी। डॉ॰ राधाकृष्णन का सहयोगपूर्ण व्यवहार उन्हें प्रत्येक आमंत्रण को स्वीकार करने के लिए बाध्य कर देता था। किसी को 'न' कहना तो उन्होंने सीखा ही नहीं था। वे आमंत्रण देने वाले की भावनाओं और प्रेम को सदैव ध्यान में रखते थे।

शिक्षा के क्षेत्र में डॉ० राधाकृष्णन का योगदान विस्मरणीय और अद्‌भुत रहा। इसके अंतर्गत उनके द्वारा किए गए महत्त्वपूर्ण कार्य आज भी शिक्षा-प्रणाली में लागू होते हैं। वस्तुतः उनकी प्रारंभिक पहचान एक शिक्षक के रूप में थी। शिक्षक का कार्य करते हुए ही उन्होंने प्रसिद्धि के शिखर को चूमा। शिक्षा का व्यापक स्वरूप उन्हीं की देन है। इस क्षेत्र में उन्होंने अनेक उपलब्धियाँ प्राप्त कीं।

सर्वप्रथम वर्ष 1909 में वे मद्रास के प्रेजीडेंसी कॉलेज में मलयालम के अध्यापक के रूप में नियुक्त हुए। यहीं से उनके शिक्षक-जीवन का आरंभ हुआ। इसके बाद वर्ष-प्रतिवर्ष वे उन्नति करते गए। इस दौरान वे अनेक प्रतिष्ठित पदों पर नियुक्त हुए। इसका विवरण निम्न वर्णित है :

वर्ष 1918

इस वर्ष डॉ० राधाकृष्णन मैसूर विश्वविद्यालय में दर्शनशास्त्र के प्रोफेसर-पद पर नियुक्त हुए। वे इस पद पर वर्ष 1921 तक कार्यरत् रहे।

वर्ष 1921

आशुतोष मुखर्जी के निमंत्रण पर मैसूर विश्वविद्यालय के उपरांत वर्ष 1921 में डॉ० राधाकृष्णन कलकत्ता चले आए और यहाँ के विश्वविद्यालय में दर्शनशास्त्र के प्रोफेसर नियुक्त हुए। उन्होंने वर्ष 1931 तक इस विश्वविद्यालय में अध्यापन कार्य किया। इसके बाद वर्ष 1944 में वे पुनः प्रोफेसर के रूप में यहाँ कार्यरत रहे।

वर्ष 1931

वर्ष 1931 में डॉ० राधाकृष्णन ने आंध्र विश्वविद्यालय में प्रोफेसर का पद सँभाला। कुछ समय उपरांत श्री रेड्डी के आग्रह पर वे उपकुलपति के पद पर आसीन हुए। इसके अतिरिक्त वे एक साथ अनेक पदों पर अलग-अलग कार्य करते रहे। वर्ष 1932 में राधाकृष्णन को लंदन के ऑक्सफोर्ड विश्वविद्यालय में प्रोफेसर के पद पर नियुक्त किया गया। वहाँ समय-समय पर वे अपनी सेवाएँ प्रदान करते रहे।

वर्ष 1942

इस वर्ष पं० मदन मोहन मालवीय के आग्रह पर महात्मा गाँधी ने

डॉ॰ राधाकृष्णन को वाराणसी आमंत्रित किया और उन्हें काशी हिंदू विश्वविद्यालय के उपकुलपति के पद पर आसीन किया।

वर्ष 1946

वर्ष 1946 से 1950 तक डॉ॰ राधाकृष्णन अनेक बार भारत की ओर से यूनेस्को में भारतीय दल के नेता के रूप में सम्मिलित हुए तथा वहाँ आयोजित सांस्कृतिक कार्यक्रमों में बढ़-चढ़कर भागीदारी की।

वर्ष 1948

स्वतंत्रता-प्राप्ति के उपरांत वर्ष 1948 में डॉ॰ राधाकृष्णन को भारत सरकार द्वारा स्थापित विश्वविद्यालय अनुदान आयोग के अध्यक्ष पर नियुक्त किया गया। उन्होंने इस पद की ज़िम्मेदारी पूर्ण गरिमा और निष्ठा के साथ निभाई।

वर्ष 1952

इस वर्ष सर्वसम्मति से उन्हें 'यूनेस्को' के अध्यक्ष पद के लिए चुना गया। वे यह सम्मान प्राप्त करने वाले प्रथम भारतीय थे।

वर्ष 1954

यह वर्ष डॉ॰ राधाकृष्णन के सम्मान में असीमित वृद्धि करने वाला रहा। इस वर्ष उन्हें भारत के सर्वोच्च सम्मान 'भारत रत्न' से सम्मानित किया गया।

वर्ष 1962

इस वर्ष डॉ॰ राधाकृष्णन को 'फेलोशिप ऑफ द ब्रिटिश एकादमी' की उपाधि से सम्मानित किया गया। इसी वर्ष वे कलकत्ता विश्वविद्यालय की ओर से अमेरिका की 'हार्वर्ड यूनिवर्सिटी में दर्शनशास्त्र के प्रवक्ता के रूप में नियुक्त होकर भेजे गए।

इसके अतिरिक्त डॉ॰ राधाकृष्णन अनेक अन्य पदों पर भी प्रतिष्ठित रहे। वर्ष 1937-38 में लखनऊ में होने वाले एशियाई शिक्षा सम्मेलन के अधिवेशन में वे अध्यक्ष-रूप में सम्मिलित हुए।

भारत के दूसरे राष्ट्रपति : डॉ० सर्वपल्ली राधाकृष्णन

एक महिला मंडल के साथ डॉ॰ राधाकृष्णन

लोक कलाकारों के साथ डॉ॰ राधाकृष्णन और पं॰ जवाहरलाल नेहरू

तीन चित्र : विभिन्न
समारोह में व्याख्यान देते
और सुनते डॉ॰ राधाकृष्णन

अतिथि का स्वागत करते हुए डॉ॰ राधाकृष्णन

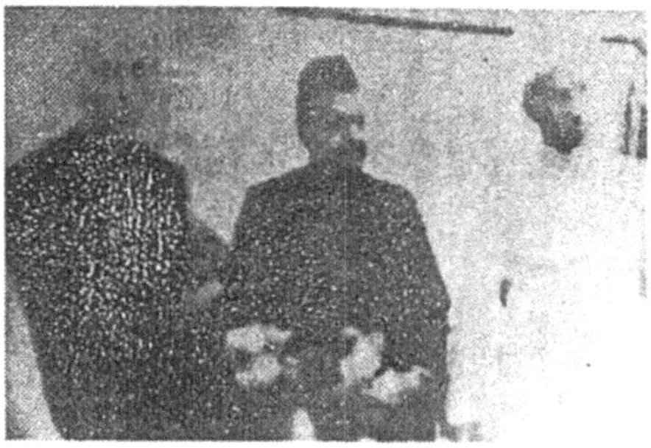

नेहरूजी के साथ एक स्वागत समारोह में डॉ॰ राधाकृष्णन

एक सैन्य टुकड़ी को उनका ध्वज सौंपते डॉ॰ राधाकृष्णन

नेहरूजी, डॉ० राजेन्द्र प्रसाद और डॉ० राधाकृष्णन एक समारोह में साथ-साथ

नेहरूजी के साथ एक कला दीर्घा में डॉ० राधाकृष्णन

एक बहुआयामी व्यक्तित्व डॉ॰ राधाकृष्णन : एक अध्यापक, एक चिंतक, एक राष्ट्रभक्त और एक सच्चे नागरिक

नेहरूजी के साथ डॉ॰ राधाकृष्णन

सैन्य परेड का निरीक्षण करते हुए डॉ॰ राधाकृष्णन

एक सरल इंसान डॉ॰ राधाकृष्णन और उनका एक सरल पत्र

EMBASSY OF INDIA,
MOSCOW.

24th December 1950

My dear Professor Schilpp,

I have your letter in which you ask me to make my introductory account a little more autobiographical than it is at present. I have added a few details but I do not think that you will be satisfied. Kindly forgive me.

I am not persuaded that the events of my life are of much interest to the readers of this volume. Besides, there is a sense in which our writings, though born out of ourselves, are worth more than what we are. We take much trouble about them even as devoted parents do with their children. As for the emotions and desires, which make life so intense and interesting, how many of us look straight into our souls?

I am now at work on the <u>Reply to Critics</u> and shall send it to you when all the papers reach me.

With admiring and grateful regards,

S. Radhakrishnan

अध्याय 16

राधाकृष्णन और मानवतावाद

किसी भी दर्शन का जन्म शून्य से नहीं होता। इसकी उत्पत्ति की राजनैतिक, सामाजिक, धार्मिक या आर्थिक—कोई न कोई पृष्ठभूमि अवश्य होती है, जिसके निर्माण में युग की परिस्थितियों की विशेष भूमिका होती है। परंतु इसके साथ ही दार्शनिक परिस्थिति और दार्शनिक की स्व-मनोवृत्ति भी महत्त्वपूर्ण घटक होते हैं। राधाकृष्णन के मानवतावादी दृष्टिकोण के बारे में भी यह बात सत्य प्रतीत होती है। एक ओर जहाँ तत्कालीन समय की प्रभावशाली विशेषताएँ तथा परिस्थिति उनके दर्शन की आधारशिला रही, वहीं दूसरी ओर उनकी स्व-मनोवृत्ति ने भी इसमें केन्द्रिय भूमिका निभाई। इस विषय में राधाकृष्णन ने कहा भी है कि 'मेरे विचारों के अनेक स्रोत्र हैं। लेकिन साथ ही मेरी अंत:अनुभूति भी एक महत्त्वपूर्ण स्रोत है। यह केवल अध्ययन करने या पढ़ने से नहीं हुआ, बल्कि यह आध्यात्मिक अनुभूति से उत्पन्न हुआ है।'

डॉ॰ राधाकृष्णन के मानवतावादी दर्शन को जानने से पूर्व उनके निम्नलिखित मूल कारणों एवं स्रोत को जानना आवश्यक है :

युग एवं युगीन परिस्थिति

मूलत: समकालीन भारतीय दर्शन को मोटे तौर पर दो युगों में बाँटा गया है—स्वतंत्रता से पूर्व का युग तथा दूसरा स्वतंत्रता के बाद का युग। इसके अंतर्गत सन् 1828 से लेकर सन् 1952 तक का समय स्वतंत्रता से पूर्व का युग माना गया है, जबकि 1952 से लेकर आज तक का समय स्वतंत्रता के बाद का युग है। इसमें वर्ष 1936 से लेकर 1952 तक का समय 'डॉ॰ राधाकृष्णन का युग' माना

जाता है। यह समय राधाकृष्णन के दर्शन-जीवन का स्वर्ण युग है। उनके दर्शन का सृजनात्मक पक्ष इसी समय में उभरकर आया। स्वतंत्रता-प्राप्ति के बाद से इन्हें लगातार भारत के उच्च पदों पर पदासीन होने का गौरव प्राप्त हुआ। इसके फलस्वरूप इनके दार्शनिक जीवन में एक स्वाभाविक परिवर्तन आया। उनके दर्शन में यदा-कदा थोड़ा अवरोध अवश्य हुआ, लेकिन इसका यह अर्थ नहीं है कि इनके दार्शनिक चिंतन में कभी पूर्ण विराम लगा हो। स्पष्ट है कि डॉ० राधाकृष्णन स्वतंत्रता से पूर्व के दार्शनिक युग के प्रतिनिधि के रूप में उभरे। सत्य भी यही है कि स्वतंत्रता पूर्व के भारत एवं विश्व की तत्कालीन परिस्थितियों ने ही इनके दर्शन को पृष्ठभूमि प्रदान की।

एक ओर जहाँ मानव-सभ्यता के इतिहास में विज्ञान की अनूठी उपलब्धियों एवं प्रौद्योगिकी के अभूतपूर्व विकास के कारण इस युग का विशेष महत्त्व है, वहीं दूसरी ओर यह भी सत्य है कि विघटनकारी प्रवृत्तियों के कारण यह मानव-पतन का युग भी माना जाता है। वास्तव में यह युग निराशा और आशा के बीच झूलता एक संक्रमणकालीन युग था। एक ओर जहाँ देश ब्रिटिश साम्राज्यवाद की बेड़ियों में जकड़ा हुआ था, वहीं दूसरी ओर राष्ट्रवाद और साम्राज्यवाद के खूनी पंजे विश्व-शांति के लिए खतरा बन रहे थे। जहाँ एक ओर शक्ति-उंमाद ने विश्व को वैमनस्य एवं विस्फोट के काले गहन बादलों से आच्छादित कर रहा था, वहीं दूसरी ओर उसने जड़वादी, भोगवादी तथा राष्ट्रवादी दृष्टिकोणों के द्वारा विकृता, अमानुषीयता एवं विध्वंसता के ऐसे कैंसर को जन्म दे रखा था, जिसके प्राणघातक कीड़े मानवता के समस्त सार्थक मूल्यों को धीरे-धीरे चाटते जा रहे थे। मानवता विनाश की ओर अग्रसर थी। चारों ओर अराजकता, अशांति, अव्यवस्था, अनीति, अत्याचार एवं कुसाम्राज्य का शोषण व्याप्त था।

युग की विध्वंसक स्थिति से आहत होकर डॉ० राधाकृष्णन ने कहा है-— "हम मानव जाति के सबसे अधिक अवसाद पूर्ण समय में रह रहे हैं। मानव-इतिहास के अन्य किसी भी समय में लोगों के सिर पर इतना बड़ा बोझ नहीं था, या वे इतने यंत्रणापूर्ण अत्याचारों और मनोवेदनाओं के कष्ट नहीं पा रहे थे। हम ऐसे संसार में जी रहे हैं, जिसका विषाद सर्वव्यापी है। परम्पराएँ, संयम और स्थापित कानून एवं व्यवस्था आश्चर्यजनक रूप से शिथिल हो गई है। जो विचार कल तक सामाजिक भद्रता और न्याय में अविच्छेद्य समझे जाते थे, और जो शताब्दियों से लोगों के आचरण का निर्देशन और अनुशासन में समर्थ रहे थे, आज बह गए हैं। संसार गलतफहमियों, कटुताओं और संघर्षों में उलझकर छिन्न-भिन्न हो गया है। सारा वातावरण संदेह, अनिश्चितता और भविष्य के आत्यांतिक भय से भरा है।"

डॉ॰ राधाकृष्णन के इस कथन से स्पष्ट है कि उनकी वेदना केवल एक गुलाम भारतवासी की वेदना नहीं थी, अर्थात् वे केवल सदियों की दासता से निष्प्राण हुए भारत की दु:वस्था से व्यथित नहीं थे, बल्कि उनकी वेदना तो समस्त संसार की वेदना थी। भारतवासी होने के कारण भारत की दु:वस्था पर व्यथित होना उनके लिए स्वाभाविक था। लेकिन सत्य यह है कि इन्होंने कभी भी अपनी दृष्टि को केवल भारत तक ही केन्द्रित नहीं किया। यही कारण है कि इन्होंने एक ओर जहाँ अंग्रेजों के बर्बर दमन की असहनीय वेदना को अपने वक्षस्थल में नागासाकी और हिरोशिमा पर गिराए गए अणु बम से हुए भीषण नर-संहार की थर्राती मानवता की असहनीय वेदना को भी अनुभूत किया था। इनकी यह अनुभूति इनके निम्न कथनों में स्पष्टत: अभिव्यक्त है। आज हम केवल अपने देश में ही नहीं, वरन् विश्व के इतिहास के एक कठिन दौर से गुजर रहे हैं। वास्तव में हम विनाश के कगार पर खड़े हैं। मूल्य बिखर रहे हैं, आदर्शों का अभाव है, सभी ओर पलायन की वृत्ति दिखाई पड़ रही है। लोग मानसिक दुर्बलता के शिकार हो रहे हैं, और जैसे ही लोगों की इन बातों पर नज़र जाती है, उनमें निराशा, कुंठा एवं लाचारी की भावनाएँ घर करने लग जाती है। मनुष्य की आत्मा में विश्वास का ऐसा अभाव मानव-सम्मान का विरोधी है। मानव-प्रकृति का अपमान है।

तत्कालीन युग के इस विषाद के सृजन में युग का राजनीतिक, सामाजिक, आर्थिक एवं धार्मिक परिस्थितियाँ विशिष्ट कारण तत्त्व बनी है। इन्हीं परिस्थितियों ने राधाकृष्णन की मानवतावादी दृष्टि के उद्‌बोधन की पृष्ठभूमि भी प्रदान की है।

राजनीतिक परिस्थिति

डॉ॰ राधाकृष्णन के युग की राजनीतिक स्थिति राष्ट्रीय और अंतर्राष्ट्रीय धरातल पर मानव के पराभव की दुर्दांत कहानी है। देश सदियों से गुलामी की चक्की में पीसता हुआ अपने अस्तित्व को बचाए रखने के लिए छटपटा रहा था। उसकी इस छटपटाहट में एक तीव्र वेदना थी जो अंग्रेजों की दमन नीति की देन थी। अंग्रेजों की राष्ट्रवादी नीति के अधीनस्थ तत्कालीन युग में देश के अंतर्गत सर्वत्र गणतंत्र का बोलबाला था। देशवासियों की राजनीतिक अस्मिता पर विनाश के बादल मँडरा रहे थे। लोगों को न तो कोई राजनीतिक अधिकार प्राप्त थे और न ही राजनीतिक समानता।

विश्व के रंगमंच पर तो स्थिति और भी विस्फोटक थी। सारे संसार में राष्ट्रवाद का उफान जोरों पर था। इसी राष्ट्रवादी ने इस युग में हिटलरों, मुसलनियों

और ताओजों को जन्म दे रखा था। यहाँ ध्यातव्य है कि यह स्थिति केवल एक राष्ट्र की नियति नहीं थी, वरन् यह पूरा युग ही राष्ट्रवादी हो गया था। इसका स्वाभाविक परिणाम था—पूर्व एवं पश्चिम के सभी देशों में राष्ट्रीय अहंकार की भावना का उफान। इस उफान के अंतर्गत मानव की अस्मिता का हरण किया जा रहा था तथा संपूर्ण मानव-जीवन को राष्ट्रीय कार्यक्षमता के एकमात्र उद्देश्य का उपकरण बनाने का प्रयास किया जा रहा था। यहाँ राष्ट्र को दैवी और ईश्वरीय रूप में प्रस्तुत किया गया था तथा इसके नाम पर शासकों द्वारा आत्महित, प्रभुत्व की लालसा एवं भौतिक आकांक्षाओं की पूर्ति की जा रही थी। वस्तुतः इस युग में राजनीतिक की नैतिकता और अनैतिकता के समस्त मानदंड विकृत हो चुके थे। इस संदर्भ में हिटलर का एक वक्तव्य उल्लेखनीय प्रतीत होता है, जिसे स्वयं डॉ॰ राधाकृष्णन ने उस युग के विकृत मानदंड को व्यक्त करने के संदर्भ में अपनी पुस्तक 'धर्म और समाज' में उद्धृत किया गया है—"बनने दो हमें दानव! यदि हम जर्मनी की रक्षा कर पाएँगे तो समझो कि हमने संसार का सबसे बड़ा काम कर लिया है। करने दो हमें गलत काम। यदि हमने जर्मनी की रक्षा कर ली तो समझो कि हमने संसार की सबसे बड़ी गलती को मिटा दिया। होने दो हमें अनैतिक। यदि हमने अपने लोगों की रक्षा कर ली है तो समझो कि हमने नैतिकता की पुनः स्थापना के लिए द्वार खोल दिया।" वस्तुतः राष्ट्रवादी नीति के अंतर्गत इस युग में राजनीति का एक ही लक्ष्य निर्धारित हुआ और वह था राष्ट्र की सर्वोच्चता की स्थापना एवं इसके आधार पर शासक के अपने हित एवं प्रभुत्व की प्रतिष्ठा। यहाँ यह मान्यता प्रभावी थी कि 'केवल यही एक बात सत्य है जिसका महत्त्व है, शेष सभी राजनीतिक, धार्मिक एवं मानवतावादी बातों की इस बात की तुलना में उपेक्षा की जानी चाहिए।'

राधाकृष्णन ने अपने युग में विध्वंसकारी रूप में प्रभावी राष्ट्रवाद द्वारा दी गई वेदना को अनुभूत किया था। इसी अनुभूति ने उन्हें राष्ट्रवाद को मानवता के लिए एक घातक बीमारी मानने को बाध्य किया जो इनके विचार में युद्ध को भड़काती है; विश्व-परिवार को भ्रष्ट बनाती है तथा उनके आपसी संबंधों में ज़हर घोलती है। इनकी दृष्टि में यह वास्तव में स्वार्थ का सामूहिक रूप है, यहाँ प्रत्येक राष्ट्र स्वयं को ईश्वर का प्रिय, भविष्य का निर्माता तथा मानव-जाति का शिक्षक बतलाता है। प्रत्येक राष्ट्र अपनी संस्कृति एवं जीवन-पद्धति को बनाए रखने का औचित्य सिद्ध करता है और अचेतन भाव से; यदि चेतन भाव नहीं हो तो अपनी भावनाओं की रक्षा के लिए तर्क गढ़ता है तथा उन सभी के विरुद्ध आक्रामक व्यवहार अपना लेता है जो उसकी पद्धति को अस्वीकार करते हैं एवं किसी दूसरी जीवन-पद्धति को अपनाने के लिए प्रतिबद्ध होते हैं।

इस आक्रामक व्यवहार की परिणत्ति होती है—निर्दयता की ऐसी संस्कारिताओं का प्रयोग जिसका वर्णन करना भी कठिन है। राधाकृष्णन के ही शब्दों में—''जिन निर्दयता की संस्कारिताओं का प्रयोग मानव-जातियों पर होने लगा है; जैसे बंदी शिविर, सामूहिक निर्वासन, गैस चैम्बर, अणु बम; इनका वर्णन करना भी कठिन है।

वस्तुतः राष्ट्रवाद के कुप्रभाव से युद्ध इस युग की त्रासदी बन गई थी। दुर्भाग्य की बात यह थी कि द्वितीय विश्वयुद्ध की विनाशमयी लीला के बाद भी युद्ध का सिलसिला समाप्त नहीं हुआ। राधाकृष्णन ने स्वयं ही माना कि दूसरे विश्वयुद्ध के बाद अब हम शीत युद्ध के दौर से गुजर रहे हैं। यह युद्ध है—पूर्वाग्रहों, ईर्ष्या और घृणा की अंतनिर्हित भावनाओं का। इसकी परिणति राष्ट्रों के आपसी टकराव में होगी अथवा ये एक-दूसरे पर अधिकार जमाने की कोशिश करेंगे और निश्चित रूप से संसार को एक कसाई घर बना देंगे।

युग की इस विस्फोटक राजनीतिक परिस्थिति ने राधाकृष्णन को एक ऐसे राजनीति दर्शन के प्रणयन की प्रेरणा प्रदान की, जो मानव को गैस-चैम्बरों और अणु बमों के विनाशमयी प्रभाव से सिसकंती दुनियाँ से बाहर निकालने का रास्ता प्रदान करें। उनका मानवतावादी दर्शन इसी का मूर्त्त रूप है।

सामाजिक परिस्थिति :

राधाकृष्णन के युग की न केवल राजनीतिक दशा वरन् सामाजिक दशा भी शोचनीय थी। सारे संसार में अशांति, सामाजिक विशृंखलता, अव्यवस्था एवं प्रवंचना का नग्न नृत्य हो रहा था। समाज में सर्वत्र टूटन व्याप्त थी। सारा संसार जाति, नस्ल, धर्म और वर्ण से विखंडित होकर विलुप्त हो रही मानवता पर अट्टहास कर रहा था। यदि अफ्रीका में गोरे तथा काले का भेद उग्रता पर था तो देश के अंदर सांप्रदायिक विखंडन एवं जाति-भेद अपने पूरे उफान पर था। सदियों की राजनीतिक पराधीनता भारतीय समाज के रूप को विकृत कर चुका था। राजनीतिक, धार्मिक एवं सामाजिक उत्पीड़न एवं साथ ही आत्मबोध के अभाव ने भारतवासियों में व्यापक हीन भावना को जागृत कर दिया था। हिन्दू समाज की दशा तो अत्यंत ही शोचनीय थी। पहले मुस्लिम तथा फिर बाद में ब्रिटिश शासन से उत्पन्न गुलामी के भाव ने न केवल हिंदू समाज को विकृत बना दिया था वरन् हिन्दुओं के धार्मिक, नैतिक एवं आध्यात्मिक मानदंडों को भी असह्य एवं अपूरनीय क्षति पहुँचाई थी। धर्म, समाज और सामान्य जन-जीवन के क्षेत्र में पराधीनता की काली घटाओं ने जिन आपत्ति, विपत्ति और अभिशापों की

उपल वृष्टि की, उससे जनता के दु:ख-दर्द बढ़े। धर्म के नाम पर धोखा कर्मकांड, नैतिकता के नाम पर मिथ्या एवं मूढ़ विश्वासों के प्रचलन तथा सुसंगत सामाजिक विधान के स्थान पर वर्जनाएँ एवं नियंत्रण इस युग की त्रासदी था। लोगों का चिंतन इतना विकारग्रस्त एवं दृष्टि हो गया था कि वैचारिक उदारता के स्थान पर कट्टर संकीर्णता एवं अनुदार भावों का ही प्रसार हुआ। फलत: समाज में बाल-विवाह का प्रचलन, स्त्रियों की शिक्षा पर रोक, उनकी स्वतंत्रता का अपहरण, विधवा-विवाह पर प्रतिबंध, बहु-विवाह की स्वीकृति, शासकीय प्रतिबंध के बावजूद सती-प्रथा को प्रोत्साहन तथा दहेज-प्रथा जैसी सामाजिक कुरीतियों के माध्यम से नारी के प्रति असीम अत्याचारों का विधान स्वीकृत हुआ। जाति-भेद, वर्ण-भेद को विश्रृंखलित कर दिया, जिसकी आवश्यक परिणति सहस्र जातियों एवं उपजातियों की संकीर्ण कारा में बाँधकर समाज के छिन्न-भिन्न हो जाने में फलित हुई। इस युग में वर्ण-भेद अपनी उग्रता में स्थापित था, दलित वर्ग असीम अत्याचार से पीड़ित थे। उन्हें घृणित कार्य सौंपे गए थे। उनकी न तो कोई सामाजिक प्रतिष्ठा थी और न ही समाज में उनका कोई अस्तित्व माना जाता था। उच्च वर्गीय जातियों का उनके साथ खाना-पीना, उठना-बैठना, स्पर्श करना तक निषिद्ध था। देव-दर्शन उनके लिए वर्जित था। निश्चयत: इस वर्ण-भेद का एक ऐतिहासिक आधार था, लेकिन काल के विकास के अंतर्गत इस युग में यह एक ऐसे सामाजिक विकृति के रूप में सामने आया, जिसने संपूर्ण समाज को संकीर्ण रूढ़िवादिता के शिकंजे में कस दिया। यहाँ पं॰ जवाहरलाल नेहरू का यह विचार प्रासंगिक है कि 'वह (वर्ण व्यवस्था) एक विशेष युग की परिस्थितियों में बनी थी, लेकिन दुर्भाग्यवश इसका विकास कुछ ऐसा हुआ कि यह उसी समाज के लिए और इंसानी दिमाग के लिए कैद घर बन गई।'

डॉ॰ राधाकृष्णन अपने युग की इस त्रासदी से भली-भाँति परिचित थे। युग की इस त्रासदी ने उन्हें उनके मानवतावादी दर्शन के लिए पृष्ठभूमि प्रदान की। समस्त मनुष्यों को एक मानने की उनकी अंत:चेतना ने उन्हें वर्ण एवं जाति-भेद के प्रति तीखी प्रतिक्रिया व्यक्त करने के लिए किया, जिसका मूर्तरूप हमें उनके इस कथन में प्राप्त होता है कि 'जाति-भेद एक सामाजिक अभिशाप है, और साथ ही यह विश्व-भ्रातृत्व के सिद्धांत के नितांत प्रतिकूल है।' इनका मानना है कि जाति-व्यवस्था के ऐतिहासिक विकास का आधार चाहे जो भी रहा है, उस प्राचीन उपनिषद् के महत् आदर्श को, जो द्योतित करता है कि मानव-प्राणी आत्मा का एक स्फूल्लिंग ईश्वर की एक किरण है, अपमानित किया है। इस पर भी हमने लोगों को अलग करने वाली प्रस्तर भित्तियों का निर्माण किया है तथा किसी को

उच्च और दूसरों को निम्न बताया है। हमने लोगों के मन को पंगु एवं उनके जीवन को संकुचित बना दिया। हमारी समाज की वर्जनाएँ एवं निषेध मानवात्मा का क्षरण करते और उसे तोड़ देते हैं। इस कार्य में हमारी रूढ़िवादिता इसको प्रोत्साहित करती है क्योंकि हम इसे गहन प्रज्ञा की अभिव्यक्ति कहकर अपने अंधविश्वासों का समर्थन करते हैं। राधाकृष्णन की मानवतावादी दृष्टि का सर्जन इसी विषाद्‌युक्त परिस्थिति में प्रभावी सामाजिक कुरीतियों के विरोध में हुआ है। अपने मानवतावादी लक्ष्य की पूर्ति में इन्होंने स्पष्ट उद्‌घोषणा की है कि 'हम जिस आत्मवंचना से अपने को आच्छान्न करते हैं, उससे हमें छूटना ही होगा।' निश्चयतः यदि मानवतावादी लक्ष्य को प्राप्त करना है तो हमें खाइयों को भरना होगा न कि उसे चौड़ा करना। हमें उन चहार दीवारियों को तोड़ डालना होगा, जो मानव को मानव से अलग किए हैं। राधाकृष्णन का यहाँ स्पष्ट चेतावनी है कि यदि इस सामाजिक बुराई तक सीमित नहीं रह जाएगी वरन् एक राजनीतिक बुराई, प्रशासनिक बुराई भी बन जाएगी क्योंकि तब जातिगत निष्ठाओं का इस्तेमाल राजनीतिक सत्ता अथवा प्रशासनिक प्रभुत्ता को हथियाने के लिए किया जाएगा। राधाकृष्णन की यह चेतावनी आज न केवल अपने देश वरन् संपूर्ण संसार में साकार रूप में अपनी यथार्थता को प्रदर्शित कर रही है, जबकि राजनीतिक सत्ता को हथियाने के लिए राजनेता इस सामाजिक बुराई को स्वच्छंद रूप से राजनीतिक उपकरण की तरह इस्तेमाल कर रहे हैं। परिणामस्वरूप में मानव मानव से विलग होता चला जा रहा है। देश की स्थिति तो और भी दुर्दमनीय हो गई है। अगड़ी और पिछड़ी जाति के बीच उठाई गई दीवार ने मानव को मानव का ही शत्रु बना दिया है। कोई भी अपना नहीं रह गया है।

आर्थिक परिस्थिति

राधाकृष्णन के मानवतावादी दर्शन को उनके युग की आर्थिक परिस्थिति से भी पृष्ठभूमि प्राप्त हुई है। तत्कालीन युग में राष्ट्रीय एवं अंतर्राष्ट्रीय दोनों ही क्षेत्रों की आर्थिक स्थिति सोचनीय थी। तब आर्थिक व्यवस्था के नियामक रूप में सर्वत्र पूंजीवाद का बोलबाला था। इस पूंजीवादी व्यवस्था ने समस्त पूँजी का पूंजीपतियों के विशेषाधिकार को स्थापित् कर श्रमिकों के आर्थिक शोषण द्वारा उन्हें विपंनता की स्थिति में ला दिया था। विज्ञान के प्रभुत्व की स्थापना एवं प्रायोगिकी के तीव्र विकास तथा श्रमिकों के हाथों के साथ इसके असामंजन ने आर्थिक शोषण के जलते आग में घी का काम किया। वस्तुतः वह युग पूरी तरह से एक मशीनीयुग बन गया था। फलस्वरूप मनुष्य की कार्यक्षमता का ह्रास हुआ,

कामगार मनुष्य आर्थिक शोषण के शिकार बने एवं समाज पर आर्थिक विपन्नता के गहन काले बादल छा गए।

देश (भारत) की स्थिति तो और भी दयनीय थी। अंग्रेजों की कूटनीति (लूटनीति) ने पराधीन भारत को जी भर लूटकर इसे आर्थिक दिवालियापन की स्थिति में लाकर खड़ा कर दिया था। अपनी पूँजीवादी नीति के विस्तारण तथा अपने उत्पादन का भारत में खपत करने के उद्देश्य को पूरा करने के क्रम में अंग्रेजों ने यहाँ के कुटीर उद्योगों को पूरी तरह से नष्ट कर डाला था। अन्य आर्थिक स्रोत अर्थात् कृषि आधुनिक उपयोगी उपकरणों के अभाव, प्रकृति के छलावों तथा सबके ऊपर अंग्रेजों की बर्बरता के प्रतिनिधि रूप जमींदारों के बर्बर व्यवहार से मृतप्राय हो चुका था। तत्कालीन युग में भारत की दु:स्थिति एवं सामान्य लोगों की बेबसी का मर्मस्पर्शी चित्र पं॰ जवाहरलाल नेहरू के इस कथन में व्यक्त होता है, लगातार शोषण की निर्दय प्रक्रिया से हमारी गरीबी धीरे-धीरे बढ़ रही थी, हमारी शक्ति जाया हो रही थी, सुधारों और भारतीयकरण की लम्बी चौड़ी बात कहना हमारी हंसी उड़ाना और अपमान करना था। हम लोग एक बेबस नाम बन गए थे।

लेकिन हम क्या कर सके थे, और इस कुटिल तरीके को कैसे रोकते? ऐसा मालूम पड़ता था कि किसी सर्वशक्तिमान् राक्षस के चंगुल में हम बेबस हैं, हमारे जिस्म के हिस्सों को लकवा मार गया है तथा हमारे दिमाग मुर्दा हो गए हैं। सत्य यह है कि इस युग में प्रत्येक वर्ग शोषित था। किसान वर्ग यदि दव्बु था, उसमें जमींदारों का डर समाया हुआ था तो कारखानों के मज़दूरों की हालत भी बेहतर नहीं थी। मध्य वर्ग तथा शिक्षित व्यक्ति, जिनसे इस अंधेरे वातावरण में प्रकाश की उम्मीद थी, स्वयं ही इस अंधेरे में डूबे हुए थे। वास्तव में कुछ हद तक तो उनकी दशा सबसे दयनीय थी, क्योंकि पढ़े-लिखे लोगों की एक बड़ी तादाद किसी प्रकार के हाथ के काम अथवा वैज्ञानिक हुनर नहीं जानती थी और साथ ही वह कृषि से भी अनभिज्ञ थी। परिणामस्वरूप इन लोगों ने बेकार और बेबस लोगों की जमात की गिनती को बढ़ाया तथा वे लोग आर्थिक विपन्नता के दलदल में और नीचे धँसते चले गए। तब की स्थिति यह थी कि किसान कृषि से अनाज तो उत्पन्न करते थे लेकिन स्वयं भूखे रहते थे। इनका विशिष्ठ गुण यह था कि अपने वातावरण के विरुद्ध उनको बर्दाश्त करना आ गया था। यहाँ तक कि गरीब और भूखे होने पर भी उनमें विशेष प्रकार की खामोशी की शान थी और सर्वशक्तिमान भाग्य के आगे सिर झुकाने की भावना थी। मध्यवर्गीय व्यक्ति तो अपनी स्थिति

से और भी बुरी तरह जूझ रहे थे। रिवाजों के मार से दबे होने के कारण वे जन्म से तो पुराने थे, लेकिन उनमें पुरानी संस्कृति का अभाव था। आधुनिक प्रगति उन्हें आकर्षित कर रही थीं, लेकिन उनमें उसके अंदरूनी तत्त्व, आधुनिक सामाजिक और वैज्ञानिक चेतना का अभाव था। ये पश्चिम की असफल एवं फीकी नकल कर रहे थे, और इस प्रकार मन और शरीर की सुरक्षा के लिए पागलों की तरह कहीं पैर रखने की जगह तलाश कर रहे थे, लेकिन जगह उन्हें मिल नहीं पा रही थी और परिणामस्वरूप ये लोग भारतीय जिंदगी की अंधेरे सागर में बेसहारा लोगों की तरह बिना उद्देश्य के तैर रहे थे।

तत्कालीन युग में देश के निवासी इतने बेबस थे कि गरीबी और पस्तहिम्मती की इस दलदल से, जो पूरे भारत को अपने अंदर खींच रही थी, बाहर निकल पाने में अपने को असमर्थ महसूस कर रहे थे। जवाहरलाल नेहरू के शब्दों में 'उत्तेजना, तकलीफ और उलझन के कुछ बरसों से ही नहीं, बल्कि लम्बी पीढ़ियों से भारत की जनता ने अपने खून और मेहनत, आँसू और पसीने की भेंट दी थी। हिन्दुस्तान के शरीर और आत्मा में यह प्रक्रिया बहुत गहराई में घुसी हुई थी और उसने हमारे जीवन के हर एक पहलू में ज़हर घोल दिया था। यह सब उस बीमारी की तरह था, जो नसों, नाड़ियों और फेफड़ों का क्षय करती है और जिसमें मौत धीरे-धीरे, लेकिन यकीनी तौर पर होती है।' राधाकृष्णन अपने युग के आर्थिक विकारों से पूर्णत: परिचित थे। उस आर्थिक वेदना से भी जो प्रत्येक भारतवासी के लिए असह्य बना हुआ था। इनके इसी परिचय ने, आर्थिक शोषण के विरुद्ध, उनके मानवतावादी दर्शन को चेतना प्रदान की है।

धार्मिक परिस्थिति

राजनीतिक, सामाजिक एवं आर्थिक परिस्थितियों की भाँति इस युग की धार्मिक परिस्थिति भी अत्यंत विस्फोटक थी। यह पूरा युग ही धार्मिक संकीर्णता के चंगुल में जकड़ा हुआ था। इस युग में धर्म को आंतरिक एवं बाह्य दोनों कुठारघातों का सामना करना पड़ रहा था। आंतरिक कुठाराघात द्वारा धर्म को व्यापकता का हनन कर इसे साम्प्रदायिकता की संकीर्णता प्रदान की जा रही थी जिसका कुपरिणाम था—साम्प्रदायिक उन्माद एवं वैमनस्य। साम्प्रदायिक उन्माद पूरे संसार पर हावी थी और इसके परिणामस्वरूप संपूर्ण विश्व अवनति की दिशा में अग्रसर था। राधाकृष्णन ने इसकी पुष्टि में, स्पष्ट शब्दों में कहा है—'हमारे युग में असहिष्णुता एवं कट्टरता का बोलबाला रहा। हम अनम्य, कठोर एवं मदांध हैं और यही अवनति का कारण भी है।' बाहरी कुठाराघात धर्म के स्थानापन्न आदर्श

के रूप में प्रतिष्ठित आदर्शों द्वारा हो रहा था। स्वयं राधाकृष्णन के विचार में प्रकृतिवादी अनीश्वरवाद, प्रकृतिवादी मानवतावाद, भोगवाद, राष्ट्रवाद, सर्वसत्तावाद अथवा साम्यवाद के विकास से एक महत्त्वपूर्ण घातक वृत्ति का अभ्युदय हुआ था। यह वृत्ति एक तरफ तो धर्म के सारतत्त्व को विशृंखलित कर रही थी, साथ ही साथ दूसरी ओर मानव की आध्यात्मिक चेतना को भी खंड-खंड कर संपूर्ण मानवता को विनाश के गर्त में धकेल रही थी।

यहाँ उल्लेखनीय हैं कि राधाकृष्णन को अपने देश की विनाशमयी धार्मिक दशा ने ज्यादा प्रभावित किया है। तत्कालीन युग में पतनोन्मुख हो रहे हिन्दू धर्म को दयनीय स्थिति से ये अत्यधिक मर्माहत थे। लेकिन यहाँ साथ ही यह भी महत्त्वपूर्ण है कि इनके लिए हिन्दू धर्म कोई संप्रदाय नहीं वरन् सत्य की खोज करने वालों तथा उचित नियमों को स्वीकार करने वालों का भाईचारा था। यही हिन्दू धर्म अपनी इस अवनति की स्थिति में आंतरिक एवं बाह्य दो-दो आघातों का सामना करते हुए निष्प्राण सा हो चुका था। इस पर आंतरिक आघात इसकी उन रूढ़िवादी मान्यताओं के द्वारा हो रहा था जिसने इसके विशुद्ध स्वरूप को विखंडित करने में कोई कसर नहीं रख छोड़ी थी। सच तो यह है कि इस युग में हिन्दू धर्म अपने शुद्ध स्वरूप को, इन मान्यताओं के परिवेश में एक नए रूप में परिवर्तित कर चुका था। इस परिवर्तित रूप में शुद्ध, सात्विक एवं उदात्त तत्त्वों का नितांत अभाव था। धर्म के नाम पर किए गए वर्णभेद, अस्पृश्यता को प्रोत्साहन, दलितों की करुणाजनक स्थिति, नारियों पर अत्याचार शतत: पाखंडपूर्ण क्रियाकलाप इत्यादि सभी कारण एकत्र होकर हिंदू धर्म की आसन्न मृत्यु की उद्घोषणा कर रहे थे। बाल-विवाह, वृद्ध-विवाह एवं सती-प्रथा की स्वीकृति एवं विधवा-विवाह की अस्वीकृति जैसी वृत्ति ने हिन्दू धर्म को विखंडित कर रखा था।

हिन्दू धर्म पर बाहरी कुठारघात शासक अंग्रेजों के साक्षात् अथवा असाक्षात् दखल एवं दबाव द्वारा भी हो रहा था। ईसाई मिशनरी हिन्दूत्व को विखंडित करने के लिए उस पर तूफानी प्रहार कर रहे थे। संपूर्ण भारत ईसाई धर्म-प्रचारकों के शिकंजे में फँसता चला जा रहा था। ये ईसाई धर्म-प्रचारक ईसाई धर्म की श्रेष्ठता को स्थापित करने के क्रम में हिन्दू धर्म को विखंडित करने पर लगे थे। इस क्रम में हिन्दू धर्म, उसके पवित्र ग्रंथों एवं पौराणिक गाथाओं एवं देवताओं की खिल्ली उड़ाई जा रही थी। यहाँ कुछ विचार साक्ष्य के रूप में प्रस्तुत है। एक ईसाई धर्म-प्रचारक जे॰ ए॰ डब्स का कहना था कि 'तुम्हारे (हिन्दुओं के) सभी देव यथार्थ में कुछ नहीं अपितु दानव हैं। इसी प्रकार दासप्रथा के विरोधी नेता 'विल्वर फोर्स' ने

कहा था कि 'हिन्दुओं के देवी-देवता काम-क्रोध, दुष्टता एवं अन्याय के राक्षस हैं। संक्षेप में यह धार्मिक व्यवस्था घृणास्पद हैं।' निश्चयत: इस प्रकार के विचार के प्रचार एवं प्रसार से हिन्दू धर्म एवं दर्शन को बौद्धिक असंगति, तार्किक हेत्वाभास से युक्त एवं नैतिक दृष्टि से खोखला एवं अमान्य सिद्ध ठहराया जा रहा था। इस प्रकार के दुष्प्रचार से हिन्दू धर्म पराजय की नैराश्यपूर्ण भावना एवं दु:खद बोध से आक्रांत था। ईसाई मिशनरियों द्वारा की गई हिंदुत्व की आलोचना से हिन्दू विचलित थे। इसका दुष्परिणाम भी सामने आया। नैराश्य की भावना से ग्रसित भारत के निर्माणकारी मस्तिष्क ईसाई धर्म की ओर आकर्षित हुआ और इसकी परिणति हुई माइकल मधुसूदनदास, पादरी के लाल बिहारी, वाई॰जी॰ बैनर्जी, पं॰ नीलकंठ शास्त्री एवं पं॰ रमाबाई जैसे महान् विद्वानों द्वारा ईसाई धर्म को अंगीकार करने में।

निश्चयत: युगीन अमानवीय वृत्तियों के इस संक्रमण ने राधाकृष्णन को धर्म का मानवतावादी रंग में अभिरंजित करने की प्रेरणा प्रदान की है। इन्होंने हिंदू धर्म के प्रति अपना विश्वास बनाए रखने के बावजूद यह माना कि मानवता के उत्थान के लिए हमें जीवनदायिनी धर्म की तलाश करनी होगी। इन्होंने खुले शब्दों में कहा है कि 'हम एक ऐसे जीवनदायक धर्म एवं जीवंत दर्शन की प्रतीक्षा कर रहे हैं, जो दृढ़विश्वास के आधार और जीवन के प्रारूप की कल्पना करें जिसे मनुष्य प्रतिष्ठा एवं आनंद के साथ अनुसरण करें।

विज्ञान और आध्यात्म में असामंजन एवं मानव-मूल्यों का विघटन

यद्यपि राधाकृष्णन के युग की परिस्थितियों ने उनके मानवतावादी दर्शन को पृष्ठभूमि प्रदान की है, लेकिन इसके साथ ही इस पृष्ठभूमि से सर्जन में जिसने महत्त्वपूर्ण भूमिका निभाई है—वह है उस युग में विज्ञान का बढ़ता प्रभुत्व, विज्ञान का अध्यात्म के साथ असामंजन और परिणामित हुआ मानव-मूल्य विघटन। निश्चयत: राधाकृष्णन का जन्म एक सभ्य संसार में हुआ था। सभ्य इस रूप में कि विज्ञान और प्राद्योगिकी के क्षेत्र में संसार ने अभूतपूर्व सफलता प्राप्त कर ली थी, लेकिन सच्चाई यह भी है कि इस सभ्य संसार में जीने वाले व्यक्ति का जीवन अवास्तविक एवं कृत्रिम हो चुका था। जीवन के प्रत्येक पहलू पर विज्ञान का हस्तेक्षप संपूर्ण मानवता को एक सम्भावित विनाश की ओर धकेल रहा था। शायद तब मानव अधिक सुखी था, जबं उसने अपने आस-पास मशीनों की दीवार खड़ी नहीं कर रखी थी। इस सभ्य संसार में ज्यों-ज्यों विज्ञान की प्रगति हुई, मनुष्य से उसके स्वाभाविक चैन एवं स्वाभाविक शांति दूर होती चली गई।

राधाकृष्णन ने अपने युग में प्रभावी स्थिति के विश्लेषण के आधार पर मर्माहत स्वर में कहा है कि 'आज के संसार में मानव की स्थिति पूर्णत: अव्यवस्थित एवं घपलापूर्ण है। विज्ञान की चकाचौंध से ऊबा मानव अत्यंत ही हताश और कुंठित है।' इनके शब्दों में—"हम यंत्रणापूर्ण दबाव के गहरी चिंता के और बहुमुखीन मोहभंग के युग में रह रहे हैं। संसार एक मूर्च्छा की दशा में है।" बाइबिल में कहा गया है कि आरंभ में शून्य था, वह शून्य आज भी हमारे सामने हैं। विज्ञान ने चेतना से अधिक महत्त्व पदार्थ को दे रखा है तथा मानवता से अधिक श्रेष्ठता सत्ता-प्रेम को प्रदान कर रखी है।

राधाकृष्णन के विचार में इसका ही यह परिणाम है कि आज का मानव मानव-धरातल से अत्यधिक दूर हो गया है। वास्तव में वह एक मशीन बन गया है। मशीनी रूप में उसके विज्ञान की उपलब्धियों से अनेक सुविधाएँ प्राप्त कर रखी हैं। आज का मानव निश्चयत: न तो गर्मी अथवा सर्दी से डरा हुआ है, और न ही अब वह आँधी और तूफान से भयभीत है। अब संसार का कोई भी हिस्सा उसकी पहुँच से बहुत दूर नहीं है। लेकिन सत्य यही है कि इन सुविधाओं के बीच वह स्वयं ही एक मशीन बनकर रह गया है। उसकी अपनी मौलिकता, उसकी अपनी आत्म-चेतना नष्ट होती चली जा रही है। आज इतनी संपन्नता के बावजूद वह स्वयं को विच्छिन्न एवं टूटा हुआ महसूस कर रहा है। और इसका मूल कारण है संसार में विज्ञान के सर्वप्रभुत्व की प्रतिष्ठा एवं अध्यात्म की उपेक्षा। यह ठीक है कि विज्ञान ने अपनी प्रगति द्वारा विश्व को एक नई रोशनी प्रदान की है, लेकिन साथ ही यह भी सत्य है कि अध्यात्म की उपेक्षा कर इसने अपनी उन्नति में मदांध हो मानवता को अपूरणीय क्षति भी पहुँचाई है। वस्तुत: आध्यात्मक से विमुक्त की उन्नति ने अमानवीय एवं पाशविक वृत्तियों यथा घृणा, प्रतिशोध, प्रतिस्पर्द्धा एवं शक्तिशाली बनने की लालसा की उन्नति को प्रोत्साहित किया है जो राधाकृष्णन की दृष्टि में भयानक विनाश का सूचक है। राधाकृष्णन के विचार में आज बड़ी-बड़ी आत्मिक समस्याएँ दाव पर हैं। बौद्धिक एवं नैतिक दृष्टि से हमारा संसार एक अमाप गर्त के किनारे चल रहा है। किसी भी क्षण उद्‌जन की ध्वंस अग्नि पृथ्वी को भस्म कर सकती है। इस स्थिति की अभिव्यक्ति में सी॰ एस॰ पावेल का एक कथन उल्लेखनीय है कि 'वस्तुत: आज हम मानवता के अनन्त नाश एवं अनन्त ऐश्वर्य—इन दो मूल्यों के बीच संघर्ष करते करते शनै: शनै: महाप्रलय की ओर मुड़ते चले जा रहे हैं।' सत्य यह है कि आज हम अनास्था और विरासत में प्राप्त पारम्परिक आध्यात्मिक मूल्यों के विघटन के युग

में जी रहे हैं। यह ठीक है कि विज्ञान की प्रभावकारी प्रगति से हमने न्यूकलीय साधनों का उच्चतम सीमा तक विकास कर लिया है, लेकिन वास्तविकता यही है कि नैतिक दृष्टि से हम अभी पिछड़े ही हैं। हम लोग न्यूकलीय दानव और नैतिक दमन की तरह हो गए हैं। इसका कारण यह है कि न्यूकलीय शक्ति में हमने इतनी अधिक चमत्कारिक उन्नति कर ली है। हम एक अविश्वास और भय के वातावरण में जीते हुए एक दूसरे से भय खाने लग गए हैं। मानव-मूल्य विखंडित हो चुके हैं। सर्वत्र अनास्था का साम्राज्य छाया हुआ है। यदि यही स्थिति बदस्तूर जारी रही तो संभवत: रसेल की यह उद्घोषणा सत्य रूप में फलित हो जाएगी कि इस शताब्दी तक मानवता का भी अंत हो जाएगा।

तो क्या विज्ञान की उन्नति एवं प्रगति मानवता के लिए अनिवार्य रूप से घातक है? निश्चयत: नहीं। अपने युग में प्रभावी विज्ञान की प्रगति ने राधाकृष्णन को अत्यंत ही प्रभावित किया। इन्होंने खुले हृदय से माना है कि विज्ञान ने सारे संसार को प्रभावित कर रखा है, विज्ञान और प्रौद्योगिकी विकास, तकनीकी ज्ञान तथा परिवहन एवं संचार के साधनों ने सारे संसार को साथ लाकर खड़ा कर दिया है। लेकिन साथ ही इन्होंने यह भी माना है कि एक चिंता भी सर्वत्र व्याप्त है, और वह चिंता इस बात की है कि विज्ञान और प्रौद्योगिकी के विकास की आश्चर्यजनक गति का मानवात्मा के साथ सामंजन नहीं हो पा रहा है। फलस्वरूप मानव को एक संकटापन्न स्थिति का सामना करना पड़ रहा है। राधाकृष्णन ने स्पष्ट कहा है कि 'इस तथ्य के होते हुए भी महान् वैज्ञानिक आविष्कारों ने हमें प्रकृति की दासता से मुक्त कर दिया है। हम एक प्रकार के मनोरोग से, एक प्रकार के सांस्कृतिक विघटन से पीड़ित दिख पड़ते हैं। विज्ञान ने हमें पीसती हुई गरीबी के पंजे से छुड़ा दिया है एवं शारीरिक वेदना के उत्पीड़नों का शमन कर दिया है। फिर भी हम एक प्रकार के आध्यात्मिक, धार्मिक विश्वास के प्रति अनास्था और विरासत में प्राप्त पारंपरिक मूल्यों के विखंडन के युग में जी रहे हैं। लेकिन उल्लेखनीय है कि राधाकृष्णन की दृष्टि में, यह जीवन मानव की नियति नहीं है। वह नियति क्या है, इसी के निर्धारण के प्रश्न ने राधाकृष्णन की मानवतावादी दृष्टि के सर्जन में महत्त्वपूर्ण भूमिका निभाई है।

वस्तुत: राधाकृष्णन के अनुसार यह सही है कि स्वयं से ही विशृंखलित मानव अपने जीवन से निराश होता जा रहा है, लेकिन साथ यह भी सत्य है कि वह मरना नहीं चाहता। तब जीवन कैसे संभव है? राधाकृष्णन का यहाँ मानना है कि यदि हमें जीवित रहना है तो हमें एक संक्रमण को क्रियान्वित करना होगा।

यह संक्रमण एक नैतिक एवं आध्यात्मिक क्रांति होगी जो हमारे जीवन को एक नया आयाम और अर्थ प्रदान करेगी।

सुधारवादी आंदोलन एवं दार्शनिक परिस्थिति

अब तक के विवेचन से स्पष्ट है कि राधाकृष्णन का युग न केवल भारत के लिए वरन् सारे संसार के लिए ही मानव-मूल्यों के विघटन का युग सिद्ध हो रहा था। मानवता अवनति की ओर अग्रसर थी। लेकिन एक सुखद घटना यह थी कि विघटन की इस प्रक्रिया के प्रतिवाद में, साथ ही साथ सोई हुई मानव-चेतना द्वारा करवट लेने का कार्य भी इसी युग में आरंभ हो चुका था। इसमें महत्त्वपूर्ण भूमिका निभाई दर्शन ने। संसार के रंगमंच पर ऐसे अनेक दार्शनिकों का आविर्भाव हुआ जिन्होंने मृतप्राय: हो चुके मानव-अस्तित्व को एक नया जीवन प्रदान किया। मानव की गरिमा को प्रतिष्ठित किया तथा मानव एवं इसकी नियति के संबंध में एक नई दृष्टि का उद्बोधन किया। पश्चिम में उद्भूत मानवतावाद, अस्तित्ववाद एवं अर्थक्रियावाद इसी उद्बोधित दृष्टि की देन है। यहाँ यह उल्लेखनीय है कि सोई मानव-चेतना द्वारा करनट लेने का कार्य केवल पश्चिम तक ही सीमित था, वरन् इसका प्रसार और विस्तार भारत में भी हो रहा था। तत्कालीन युग में प्रभावी विनाशकारी प्रवृत्तियों के प्रति यहाँ भी विद्रोह की चेतना जाग्रत हो चुकी थी। राजनीतिक पराधीनता के विरुद्ध स्वाधीनता की क्रांतिमूलक चेतना जन्म ले चुकी थी। सामाजिक, राजनीतिक और धार्मिक शोषण एवं संकीर्णता के विरुद्ध तीव्र आंदोलन शुरू हो चुके थे। इसी आंदोलन ने आगे चलकर इसी युग में एक ऐसा वातावरण तैयार किया जिसके अंतर्गत विचारक मानव एवं इसके अस्तित्व के प्रति अपनी विशिष्ट दृष्टि को उद्बोधित करने में तथा ऐसी दार्शनिक परिस्थिति का निर्माण करने में सफल हुए जिसने राधाकृष्णन को उनके मानवतावादी दर्शन को उसकी भावात्मक पृष्ठभूमि प्रदान की।

दार्शनिक पृष्ठभूमि

निश्चयत: अनेक विभूतियों द्वारा उद्बोधित उदार दृष्टि ने परवर्ती भारतीय चिंतकों को एक उदार मानवतावादी दृष्टिकोण को विकसित करने में बहुत सहायता पहुँचाई। धर्म एवं समाज सुधारवादी आंदोलन के प्रभाव में ही आगे चलकर भारतीय विचारकों द्वारा भारत के प्राचीन दार्शनिक चिंतनधारा में अंतर्निहित सृजनात्मक तत्त्वों का पाश्चात्य आधुनिक चिंतन की पृष्ठभूमि में पुनरुद्धार किया गया। एक ऐसे मानवतावादी दर्शन का सृजन किया गया जिसमें पूर्व और पश्चिम का संश्लेषण था, अध्यात्म और मानवतावाद का संश्लेषण था, विज्ञान एवं कला

के मूल्य के तत्त्वों का समावेश था और मानव-स्वभाव के विभिन्न पक्षों एवं परस्पर भिन्न परम्पराओं को मान्यता प्रदान करने की प्रवृत्ति प्रभावी थी। इस दर्शन के सृजन ने निश्चयत: इस युग को उसकी समस्त विघटनकारी प्रवृति के बावजूद सकारात्मक दृष्टिकोण से एक अविस्मरणीय युग बना दिया। स्वयं राधाकृष्णन ने इसकी पुष्टि में कहा है—"हमारे युग की प्रमुख विशेषता युद्ध और तानाशाही नहीं है जिन्होंने इसे विकृत कर दिया है, अपितु विभिन्न संस्कृतियों का एक दूसरे पर पारंपरिक प्रभाव और आध्यात्मिक एवं मानव जाति की एकता पर आधारित नई सभ्यता का आविर्भाव है।"

इसी युग में विवेकानंद, रवीन्द्रनाथ टैगोर, अरविंद एवं गाँधी जैसे महान् आत्माओं को जन्म दिया, जिन्होंने न केवल आधुनिक भारत के नवीन सृजनात्मक विचारों को अपने चिंतन में स्थान दिया वरन् उन्हीं के अनुरूप अपने जीवन को भी ढाला। वस्तुत: उनकी स्वयं की अनुभूतियों ने उन्हें ऐसे मानव-दर्शन के प्रणयन की प्रेरणा प्रदान की जिसने लोगों को उसकी वास्तविकता का बोध कराकर, संकीर्णता एवं रूढ़िवादिता के संकीर्ण दायरे से बाहर निकलकर मानवता की ओर उन्मुख करने में श्लाघ्य भूमिका निभाई। इसी जीवन-दर्शन ने ऐसी दार्शनिक परिस्थिति का निर्माण किया जिसके अंतर्गत राधाकृष्णन अपने मानवतावादी दर्शन को प्रस्तुत कर सकने में सफल हो सके।

इस प्रकार स्पष्ट है कि डॉ॰ राधाकृष्णन के दर्शन के प्रणयन के लिए आवश्यक पृष्ठभूमि प्रदान करने में युग की परिस्थितियों ने विशेष भूमिका निभाई है। तत्कालीन युग के प्रत्येक क्षेत्र में प्रभावी विघटनकारी प्रवृत्तियों ने दार्शनिक राधाकृष्णन की सोच की सामग्री प्रदान की है। तत्कालीन युग में प्रभावी भोगवादी, प्रत्यक्षवादी एवं भौतिकवादी मान्यताओं ने ही राधाकृष्णन को उनकी समस्या प्रदान की है और वह समस्या है—'आत्मिक पुनर्जागरण की।' इसी समस्या ने राधाकृष्णन को उनके मानवतावादी दर्शन को एक विशिष्ट रंग से अभिरंजित करने की प्रेरणा प्रदान की है तथा इस दिशा में उनका पथ-प्रदर्शन किया है। भारत की प्राचीन मान्यताओं ने एवं साथ ही उनके अग्रज तथा समकालीन विचारकों के विचारों ने। वस्तुत: राधाकृष्णन के संपूर्ण दर्शन का उद्देश्य ही इस मानवतावादी तत्त्वों को प्रकाश में लाना है।

अध्याय 17

दार्शनिक अवधारणाएँ

पिछले अध्याय में हुए विवेचन से एक तथ्य प्राप्त हुआ कि मानवतावाद कोई सर्वसम्मत वैचारिक मत अथवा वाद नहीं वरन् एक दृष्टि है। अत: किसी भी विचारक के मानवतावादी दर्शन को स्पष्ट करने का अर्थ है उसकी 'मानवतावादी दृष्टि का स्पष्टीकरण।' इस दृष्टि की अभिव्यक्ति मूलत: उसके उन विचारधाराओं से होती है, जिनके द्वारा वह अपनी दार्शनिक अवधारणाओं एवं सिद्धांतों की संरचना करता है। अत: विचारक की किसी भी दृष्टि विशेष को स्पष्ट करने के संदर्भ में आधार के रूप में इन्हीं अवधारणाओं एवं सिद्धांतों को रखा जाता है और उसमें उस दृष्टि के तत्त्वों की खोज की जाती है। राधाकृष्णन की मानवतावादी दृष्टि के संबंध में भी यही सत्य है। हमारा उद्देश्य राधाकृष्णन के मानवतावादी दर्शन के स्वरूप तथा अर्थ को स्पष्ट करना है। ऐसी स्थिति में हमें यहाँ उनकी मूल दार्शनिक अवधारणाओं एवं सिद्धांतों के विश्लेषण एवं विवेचन को अपना आधार बनाना होगा तथा उसमें अंतर्निहित मानवतावादी तत्त्वों को प्रकाश में लाना होगा। लेकिन इन अवधारणाओं एवं सिद्धांतों की विवेचना के पूर्व यहाँ यह कह देना आवश्यक है कि हमारा उद्देश्य उनके संपूर्ण दर्शन की विवेचना करना नहीं है, अपितु केवल यह स्पष्ट करना है कि उनका दर्शन किस सीमा तक और किस अर्थ में मानवतावादी है। इस विवेचन से संभवत: हमें यहाँ इनके मानवतावाद के संबंध में एक दृष्टि प्राप्त होगी।

दर्शन की अवधारणा

विवेचन के क्रम में सर्वप्रथम हम इनकी दर्शन संबंधी अवधारणा को स्पष्ट करेंगे तथा इसमें मानवतावादी तत्त्व को अन्वेषित करने का प्रयास करेंगे। इस संदर्भ में यह उल्लेखनीय है कि यद्यपि राधाकृष्णन पर पाश्चात्य दृष्टिकोण का

पर्याप्त प्रभाव पड़ा है, फिर भी इनकी दर्शन संबंधी अवधारणा के सृजन का आधार भारतीय मान्यताएँ हैं। भारत में दर्शन को केवल एक सैद्धांतिक खोज के रूप में स्वीकार नहीं किया गया है, वरन् उसकी व्यवहारिक सार्थकता का भी निरूपण हुआ है और इस क्रम में इसे धार्मिक एवं आध्यात्मिक लक्ष्यों की प्राप्ति का एक साधन माना गया है। यहाँ दर्शन का लक्ष्य है मानव को दुःखों के बंधन से मुक्त करना। इस लक्ष्य की प्राप्ति का उपकरण यथार्थ ज्ञान है, और ज्ञान वही यथार्थ कहा गया है जिसके द्वारा सत्-असत् का भेद स्पष्ट हो। इसका अर्थ यह है कि भारतीय परंपरा में दर्शन एक सत् दृष्टि प्रदान करता है। इस दृष्टि का संबंध जीवन से है, अतः यहाँ दर्शन कोई अमूर्त कल्पना मात्र नहीं वरन् जीवन का प्रदर्शक है। भारतीय दर्शन की मूल चेतना की अभिव्यक्ति करते हुए राधाकृष्णन ने स्पष्ट शब्दों में कहा है कि 'भारतीय चिंतन में अस्तित्ववादी संकट और बौद्धिक विमर्श दोनों हैं। भारतीय चिंतन का मुख्य संबंध मानव की मर्यादा (स्टेटस्), उसके अंतिम लक्ष्य से है। प्रकृति और परमात्मा पर तो उनके मनुष्य के सहायक के रूप में मनुष्य को आत्मा की सुरक्षा और मन की शांति में सहायता प्रदान करने के लिए विचार किया गया है। भारतीय चिंतन की प्रधान रूचि तो व्यवहारिक है। दर्शन जीवन का पथ-प्रदर्शक है।

दर्शन में मानवतावादी बल को राधाकृष्णन ने भी सम्मान प्रदान किया है तथा इसी को आधार बनाकर अपनी दर्शन-संबंधी अवधारणा को मानवतावादी रंग से अभिरंजित किया है। अपनी मान्यताओं के अंतर्गत ये अपनी समय में प्रभावी पाश्चात्य तार्किक प्रत्यक्षावादी विचार से बिल्कुल सहमत नहीं है कि दर्शन और कुछ नहीं वरन् भाषीय प्रयोगों का विश्लेषण मात्र है, और न ही यह मानते हैं कि दर्शन तर्कशास्त्र अथवा वैज्ञानिक अनुसंधान तक ही सीमित है। इनके विचार में दर्शन मात्र विभिन्न विशिष्ट समस्याओं के परिणामों को साथ रखना या एकत्रित करना नहीं है, और न यह मात्र तार्किक सामान्यीकरण है जो सर्व के समावेश की मांग को संतुष्ट करना अपना प्रयोजन मानता है। दर्शन तो मूलतः व्यवहारिक स्वरूप का है, और व्यवहारिक होने के कारण यह मनुष्य की उन मूलगत चिंताओं से संबंध रखता है, जो अमूर्त विचारों की तुलना में ठोस, सशक्त, वास्तविक और जीवंत है। दर्शन का संबंध मानव-जीवन से है, और इसी संबंध में इसकी सार्थकता एवं यथार्थता है। इसका लक्ष्य संपूर्ण जीवन को प्रतिबिम्बित करना है, अतः इसके क्षेत्र और लक्ष्य को तर्कशास्त्र अथवा बौद्धिक बाजीगरी तक सीमित नहीं किया जा सकता। इसका संबंध उन सत्य और मूल्यों की स्थापना से है, जो मानव-सत्य है तथा मानव-मूल्य है। अतः समस्त दार्शनिक चिंतन का

केन्द्र और सार्वहर मनुष्य है। दर्शन की यह अवधारणा इसे एक विशिष्ट स्वरूप प्रदान करती है और वह स्वरूप है—'मानवतावादी स्वरूप।' राधाकृष्णन दर्शन के इसी स्वरूप के आग्रही हैं। दर्शन के संबंध में व्यक्त उद्‌भावनाएँ उनके इसी आग्रह को सम्पुष्ट करती हैं। उन्होंने स्पष्टत: माना है कि दर्शन की समस्याएँ मनुष्य जाति की समस्याएँ हैं। विश्व का स्वरूप, जीवन का मूल्य, मानव-स्वभाव, उसकी उत्पत्ति के कारण तथा विश्व में उसकी स्थिति ये वे मूलगत सार्वजनिक जिज्ञासाएँ हैं, जिनका समाधान एक दार्शनिक चाहता है। इनकी दृष्टि में दर्शन का काम मात्र चिंतन अथवा तात्विक सत्यों की बौद्धिक व्याख्या करना नहीं है, वरन् उन मानव-मूल्यों और मानव-सत्यों की स्थापना करना है जिनके द्वारा मानव को अपना अस्तित्व प्राप्त होता है। दर्शन संबंधी अपनी इसी मानवतावादी दृष्टि के आधार पर इन्होंने दर्शन के विशिष्ट कार्यक्षेत्र का निर्धारण किया है। इनके अनुसार दर्शन का कार्य अपने समय की चेतना का प्रतिबिम्ब प्रस्तुत करना मात्र नहीं है, वरन् उस चेतना की प्रगति में सहायक होना भी है। इसका कार्य सृजनात्मक है—'मानवोचित मान्यताओं की व्याख्या करना, जीवन-ध्येय का स्पष्टीकरण करना, जीवन-दिशा को सुनिदेशित करना तथा नवीन मांगलिक मार्गों की ओर मानवता को प्रवृत्त कराना है।'

स्पष्ट है कि राधाकृष्णन के लिए दर्शन का अर्थ 'जीवन-दर्शन' है। दर्शन जीवन से अपृथक है, क्योंकि सच्चा दर्शन यही है जो मानव-जीवन के विकास और उन्नयन में सक्रिय रूप से सहायक होता है। अपनी इसी मान्यता के आधार पर इन्होंने दर्शन के दायित्व का निर्धारण किया है। इनके अनुसार दर्शन का दायित्व सृजनात्मक है। यह मानव-जीवन का चिर सहचर तथा पथ-प्रदर्शक होकर ही जी सकता है। इनके विचार में आज के संघर्षरत युग में तो इसका दायित्व और भी अधिक बढ़कर विविधांगी एवं जटिल हो गया है। प्रज्ज्वलित होती हुई राजनीतिक अशांति, प्रभुत्व की आकांक्षाओं का घातक नर्तन तथा ध्वंसकारी वैज्ञानिक प्रतिभाओं का सर्वस्व विनाश का आह्वान मानव-जाति, मानव-जीवन तथा मानव-मूल्यों को लांछित कर रहा है। अत: दर्शन को आज जाग्रत तथा उद्‌भूत होना है, उसे शक्तिशाली होकर विनाश के कीटाणुओं को समूल नष्ट करना है। वैज्ञानिक आविष्कारों को मानव-चेतना के सत्य से शासित करना, शक्ति की सृजनात्मक मंगलमय मार्ग दिखाना ही दर्शन का ध्येय है। परिणामत: वह दर्शन निरर्थक ही नहीं, वरन् त्याज्य भी है जो जीवन के विभिन्न पहलुओं—वैयक्तिक-सामाजिक, राष्ट्रीय-अंतर्राष्ट्रीय, मानसिक-दैहिक आदि को एकता के सूत्र में गूँथ सकने में तथा उनके विकास एवं कल्याण की धाती बन सकने में असमर्थ है।

दर्शनशास्त्र के अध्येयता यह भली-भाँति जानते हैं कि किसी भी दार्शनिक के दर्शन के आधारभूत सिद्धांतों को मुख्य तीन वर्गों में विभक्त किया जा सकता है, जिन्हें उसकी तत्त्व-मीमांसा, ज्ञान-मीमांसा और आचार-मीमांसा कहा जाता है। राधाकृष्णन का दर्शन एक विशिष्ट मानवतावादी रंग से अभिरंजित है, और इसी रंग से अभिरंजित होकर इन्होंने जीवन और जगत् की व्याख्या की है। इस मानवतावादी रंग के स्वरूप को स्पष्ट करने के लिए यहाँ हम राधाकृष्णन के दर्शन की तत्त्व-मीमांसा, ज्ञान-मीमांसा और आचार-मीमांसा की विस्तृत विवेचना आवश्यक है :

तत्त्व-मीमांसा

राधाकृष्णन का आविर्भाव भारत-भूमि पर हुआ है और स्वयं राधाकृष्णन ने यह स्वीकार किया है कि इस भूमि पर विकसित तत्त्वदर्शन मूलत: आध्यात्मिक है जो इतिहास के सारे उथल-पुथल को झेलने के लिए बल प्रदान करता है। निश्चयत: परंपरा के आग्रही इस दार्शनिक की तत्त्व-मीमांसा अथवा उनका तत्त्वदर्शन भी मूलत: आध्यात्म के रंग से ही अभिरंजित है। 'सत्य की खोज' इस तत्त्वदर्शन का मूल लक्ष्य है, लेकिन यहाँ ध्यातव्य है कि यह सत्य कोई अयथार्थ अमूर्त्त परिकल्पना नहीं है, वरन् यह सत्य मानव-सत्य है। वह सत्य जो जीवन को एक दिशा प्रदान करता है, वह सत्य जो मानव को एक अर्थ और मूल्य प्रदान करता है। अत: सत्य की खोज मानवीय आकांक्षाओं की तुष्टि हेतु एक आध्यात्मिक आवश्यकता है। प्रत्येक मानव-जगत् के अंतर्निहित हेतु को जानने की मांग करता है, साथ ही वह उस आदर्श अथवा मूल्य को जानने की भी इच्छा रखता है जो उसके जीवन का पथ-निर्धारण कर सके। तत्त्वदर्शन द्वारा इस मांग की पूर्त्ति होती है, अत: राधाकृष्णन यहाँ आधुनिक युग में प्रभावी उस तत्त्वदर्शन विरोधी प्रवृत्ति के विरुद्ध है, जो आधुनिक वैज्ञानिक मानवतावाद के माध्यम से मानवतावादी दर्शन को प्रभावित किए हुए हैं। दर्शन की मानव-केन्द्रित करने के प्रयास में एवं साथ ही यह मानकर कि तत्त्वदर्शन अनुभवातीत तत्त्वों की मीमांसा है, आधुनिक वैज्ञानिक मानवतावाद तत्त्वदर्शन की अनुपयोगिता को प्रतिपादित कर अपने को तत्त्वदर्शन विरोधी के रूप में प्रस्तुत करता है। यहाँ हमें ध्यान रखना होगा कि तत्त्वदर्शन अनुभवातीत तत्त्वों की अमूर्त्त परिकल्पना मात्र नहीं है, बल्कि इसकी परिकल्पना में अनुभूति एवं अनुभूत यथार्थता का समावेश रहता है और इस समावेशन के लिए यह अनानुभाविक जगत् तक अपने क्षेत्र का विस्तार करता है। अत: राधाकृष्णन की दृष्टि में तत्त्वदर्शन की अपरिहार्यता को अस्वीकार नहीं किया जा सकता। इन्होंने स्पष्ट शब्दों में कहा है कि 'सवाल यह नहीं है कि हमें

एक तत्त्वदर्शन की आवश्यकता है या नहीं, क्योंकि हम सबके पास एक न एक तत्त्वदर्शन तो है ही। प्रश्न तो यह है कि उसे एक अपरीक्षित एवं कुछ-कुछ अनजाने ही आ जाने वाला तत्त्वदर्शन होना है या एक व्यवस्थित विचार-सारणी जिसे जान-बूझ कर पाने की कोशिश की जाती है।

राधाकृष्णन का तत्त्वदर्शन सत्य को जानने का एक सचेतन प्रयास है। सत्य—जो सत् अथवा यथार्थ के अर्थ में प्रयुक्त है, वही समस्त वास्तविक एवं अस्तित्ववान तत्त्व का मूल आधार है। इस सत् के संबंध में अपनी दार्शनिक दृष्टि को अर्जित करने में राधाकृष्णन मूलत: दो प्रवृत्तियों से संचालित रहे हैं—एक तो अपने समय में प्रभावी प्रकृतिवाद का विरोध तथा दूसरी अध्यात्म की प्रतिष्ठा। इस प्रतिष्ठा के पीछे मुख्य रूप से इनका मानवतावादी झुकाव प्रभावी रहा है। इसे निम्न विवेचन से स्पष्ट किया जा सकता है :

प्रकृतिवाद का विरोध

प्रकृतिवाद एक विश्व-दृष्टि है, जिसके अनुसार संपूर्ण ब्रह्मांड का मूल सत् प्रकृति है। प्रकृति निरंतर परिवर्तनशील है एवं समस्त पुद्गल और शक्ति इसी प्रकृति के विभिन्न अंग है। यह प्रकृति कोई दैवी शक्ति नहीं, अपितु समस्त निर्जीव वस्तुओं एवं सजीव प्राणियों की महान् समष्टि है। विश्व की व्याख्या में किसी अतिप्राकृतिक तत्त्व की कल्पना की आवश्यकता नहीं है, क्योंकि प्रकृति की व्याख्या तो प्राकृतिक तत्त्वों के आधार पर हो जाती है।

तत्त्वदर्शन का विरोध करने के बावजूद अनीश्वरवाद के पोषण में, वैज्ञानिक मानवतावाद की विश्व-दृष्टि का सर्जन इन्हीं प्रकृतिवादी मान्यताओं के आधार पर हुआ है। इसी के आधार पर यह तथ्य के प्रतिपादन में सफल हुआ कि मानव जगत् की समस्त नैसर्गिक प्रक्रियाओं में ईश्वर अथवा किसी अन्य काल्पनिक दैवी शक्ति की बात करना निरर्थक है। मनुष्य प्रकृति के अंदर है, अत: इसकी उत्पत्ति और विकास की व्याख्या प्राकृतिक तत्त्वों के आधार पर ही होती है।

राधाकृष्णन ने प्रकृतिवाद का विरोध किया है, क्योंकि इनके विचार में, प्राकृतिक व्याख्याएँ काल की वास्तविकता के पूर्वाग्रह पर आधृत होती है, अत: यह व्याख्या कालस्थित तत्त्वों तक ही सीमित हो जाती है। इस व्याख्या से यह दृष्टिगत नहीं होता कि 'काल' से पार भी जाया जा सकता है। सत्य यह है कि यह व्याख्या जगत् को एक स्वचालित मशीन बना देता है जो यंत्रवत् बिना दिशा ज्ञान के चलता रहे। यह कालिक जगत् का आधार अचेतन तत्त्वों को बना देता है तथा चेतना को भी उन्हीं तत्त्वों का उपोत्पाद या उपफल मान लेता है। इसका कारण

यह मान लेता है कि जगत् मशीन की जानकारी इसके विभिन्न अंगों एवं भागों की जानकारी पर आधृत है। राधाकृष्णन के विचार में इस प्रकार से दी गई व्याख्या न तो व्याख्या हो सकती है और न ही यह सत् का विचार ही स्थापित कर पाता है। इनके अनुसार व्याख्या अंधी नहीं हो सकती, अत: जहाँ विश्व-प्रक्रिया का कोई दिशा-निर्देश ही नहीं हो वहाँ व्याख्या देने की बात नहीं की जा सकती। अत: प्रकृतिवाद को स्वीकार नहीं किया जा सकता।

प्रकृतिवादी व्याख्याओं की स्पष्ट अयथेष्टता के अपने बोध द्वारा ही राधाकृष्णन ने व्याख्या की सूक्ष्मता में प्रवेश किया एवं सत् के विचार तक पहुँचने में सफलता प्राप्त की है। इनके अनुसार सत् वही हो सकता है जो विश्व की समर्थ व्याख्या कर सके तथा अपने में स्वत: स्पष्ट हो। इनके विचार में भौतिक जगत् में ऐसा कुछ नहीं है जो दूसरी शर्त को पूरा कर पाए, कुछ ऐसा नहीं है जो अपनी व्याख्या स्वयं ही कर दें। भौतिक जगत् में तो एक भौतिक तत्त्व की व्याख्या दूसरे भौतिक तत्त्व से होती है किंतु संपूर्ण भौतिक जगत् की व्याख्या का कोई साधन भौतिक जगत् में उपलब्ध नहीं है। इस कारण सत् के विचार के लिए भौतिक जगत् से परे जाना आवश्यक हो जाता है और साथ ही साथ यह भी आवश्यक हो जाता है कि सत् के स्वरूप को भौतिक तत्त्वों के स्वरूप से भिन्न समझा जाए। इसलिए राधाकृष्णन ने निश्चितता के साथ यह अभिकथन किया है कि सत् के विचार के लिए हमें अध्यात्म में प्रवेश करना होगा

आध्यात्मक की प्रतिष्ठा

आध्यात्म की प्रतिष्ठा राधाकृष्णन के तत्त्वदर्शन का भावात्मक पक्ष है। प्रकृतिवाद के विरोध में राधाकृष्णन ने यह स्पष्ट किया कि जगत् एक यंत्रवत् चलने वाली अंधी मशीन नहीं है, बल्कि यह एक लक्ष्य की ओर प्रेरित है। दूसरे शब्दों में जगत् प्रक्रिया कोई अबौद्धिक प्रक्रिया नहीं है, बल्कि इसमें एक आदर्श प्राप्ति की उन्मुखता है। यही आदर्श अध्यात्म की स्वीकृति है, और इसी आध्यात्म की प्रतिष्ठा द्वारा अपनी मानवतावादी आकांक्षाओं की पूर्ति राधाकृष्णन का लक्ष्य है।

एक बात स्पष्ट हो चुकी है कि राधाकृष्णन के इस तत्त्वदर्शन का लक्ष्य सत्य की खोज है। उनका संपूर्ण आध्यात्मक दर्शन इसी सत्य अर्थात् सत् की व्याख्या से अनुप्राणिम है। अत: यहाँ उनके सत् की अवधारणा एवं इसमें निहित मानवतावादी तत्त्वों को स्पष्ट करना उपयुक्त होगा।

अध्याय 18

सत् की अवधारणा

राधाकृष्णन के तत्त्वदर्शन में सत् की प्रस्तुति जगत् के तार्किक आधार अथवा तार्किक मान्यता के रूप में हुई है। अस्तित्व की सभी विधाओं, व्यवस्था, प्रयोजन एवं विकास के ढंग की व्याख्या के लिए, इनके अनुसार कोई मूल आधार का होना अनिवार्य है, अन्यथा इसकी व्यापकता की कोई सार्वभौम व्याख्या संभव नहीं हो सकती, यही मूलाधार सत्य है। उनके ही शब्दों में—''यह अस्तित्व क्यों है? किसी भी वस्तु की सत्ता ही क्यों है? यदि सब वस्तुएँ विलुप्त हो जाएँ तब पूर्ण शून्यता रह जाएगी। यदि वह शून्यता व्यवस्थित न करती या उसमें स्वयं अस्तित्व अपूर्ण एवं अस्थिर है और जो कुछ भी अपूर्ण है, वह स्वयं अपने सहारे नहीं रह सकता, क्योंकि जिस सीमा तक वह अपूर्ण है उस सीमा तक वह अस्तित्वरहित है। उपनिषद् हमें संसार के इस अपूर्ण अस्तित्व से सर्वोच्च एवं परिपूर्ण अस्तित्व की ओर ले जाते हैं। संसार के अस्तित्व का अर्थ है—सत् की प्राथमिकता।''

भारतीय आध्यात्मिक परंपरा में सत् की व्याख्या में दो सत्ताओं की चर्चा हुई है—एक ब्रह्म तथा दूसरा ईश्वर। राधाकृष्णन ने भी भारत की इस परंपरा को अपने दर्शन में अंगीकार करते हुए ब्रह्म तथा ईश्वर को सत् रूप में प्रतिष्ठित किया है। लेकिन क्या इस प्रतिष्ठा से इनका दर्शन तार्किक असंगति का शिकार नहीं बन पाता? क्या इनकी प्रतिष्ठा से मानवतावादी लक्ष्यों पर आघात नहीं पहुँचता, क्योंकि मानवतावाद मनुष्य को सर्वोच्च सत् के रूप में प्रतिष्ठित कर किसी भी अतिप्राकृतिक सत्ता के प्रति अविश्वास प्रकट करता है। हमारे वर्तमान विवेचन में ये दोनों ही प्रश्न महत्त्व के हैं और इन्हीं प्रश्नों परिप्रेक्ष्य में यहाँ हम राधाकृष्णन की संगति अथवा असंगति को स्पष्ट करने का प्रयास करेंगे।

सर्वप्रथम शंकर के अद्वैतवेदांत के प्रभाव में राधाकृष्णन ने सत् के लिए 'ब्रह्म' के संबोधन का प्रयोग किया है, लेकिन साथ ही अपने ऊपर पड़े हेगेल के प्रभाव के कारण उन्होंने इसी सत्ता के लिए 'निरपेक्ष' शब्द का भी प्रयोग किया है। इनके तत्त्वदर्शन का लक्ष्य था—भारतीय परम्परा में प्रभावी एकवाद का संपोषण, और इसी लक्ष्य से संचालित होकर उन्होंने माना कि 'ब्रह्म विश्व का मूल सत् है जो निरपेक्षत: एक है तथा संपूर्ण संसार इसी एक सत् की अभिव्यक्ति है। यह मूलत: आध्यात्मिक सत्ता है। यह एक सर्वव्यापी सत्ता है। यह अव्यक्त है। इसकी परिभाषा नहीं दी जा सकती।

प्रश्न उठता है कि क्या ब्रह्म की यह स्वीकृति मानवतावादी आदर्शों को खंडित नहीं करती! निश्चयत: जो सत् मानव-पकड़ से परे है, उसका मानव-जीवन में कोई उपयोगिता नहीं मानी जा सकती। संभवत: राधाकृष्णन को इस कठिनाई का अहसास था, और यही कारण है कि एक ओर तो इन्होंने ब्रह्म के लिए उन्हीं संबोधनों को संभव माना जिनसे उनकी मानवतावादी आकांक्षाओं की तुष्टि हो एवं साथ ही दूसरी ओर उपनिषदों को आधार बनाकर मनुष्य को ब्रह्म के स्तर तक आरोहित कर मानवतावाद के आदर्शों को संरक्षित रखने का प्रयास किया है। इनके अनुसार यह ठीक है कि ब्रह्म अवर्णनीय है, फिर भी इन्होंने इसके लिए कुछ भावात्मक लक्षण निर्धारित किया है। ब्रह्म समस्त पूर्णताओं से युक्त है, यह अविश्लेष्य और अखंडित है। यहाँ ध्यान देने योग्य तथ्य यह है कि ब्रह्म के संबंध में प्रस्तुत उपर्युक्त अभिव्यक्तियों में से अधिकांश मानव के संदर्भ में भी सत्य होते हैं—केवल 'असीम' और 'अनंत' को छोड़कर। मनुष्य भी जैवकीय समायोजित पूर्णता है जिसमें अपने हितों को देखने की अद्भुत क्षमता है तथा इन सभी के ऊपर एक पूर्णता के रूप में वह भी आंतरिक अविच्छेद्य है क्योंकि इसके जैवकीय अंश एकस्वरता में काम करते हैं। अत: राधाकृष्णन का ब्रह्म मानव-पकड़ से बाहर कोई अमूर्त्त परिकल्पना नहीं है, वरन् यह वह सत् है जिससे मानवतावादी भावनाओं की तुष्टि होती है। पुन: राधाकृष्णन द्वारा मानवतावादी भावनाओं की तुष्टि में जिस सत्य को बलवती रूप में प्रतिष्ठित किया गया है, वह है—जीवात्मा और ब्रह्म का एकत्व। उपनिषदों के 'तत्त्वमसि' जैसे सूत्रवाक्यों से मार्ग-निर्देश प्राप्त कर उन्होंने यह स्पष्ट किया कि ब्रह्म और जीवात्मा एक ही चैतन्य है। इस एकत्व के आदर्श में ही मानव शाश्वत का अपने जीवन में, अनंत का अपने प्रेम में साक्षात् अनुभव करता है। राधाकृष्णन की दृष्टि में एक एकत्व

व्यक्तिनिष्ठ कल्पना या स्वप्न मात्र नहीं है, वरन् एक स्फूर्तिदायक सत्य है। यही शाश्वत की चेतना जीवन को अर्थ प्रदान करती है क्योंकि यदि यह चेतना नहीं है तो जीवन का कोई भी अर्थ नहीं रह जाता।

राधाकृष्णन के तत्त्वदर्शन की विवादास्पद विशेषता है—ब्रह्म के साथ ही साथ ईश्वर की स्वीकृति। विवादास्पद इसलिए कि समीक्षकों की राय में ईश्वर की यह स्वीकृति न केवल शुद्ध तत्त्व-मीमांसा भाव से असंगत है वरन् मानवतावादी दृष्टिकोण से भी इसकी संगति को स्वीकार नहीं किया जा सकता। मानवतावाद मानव-केन्द्रित दर्शन है जिसके लिए सर्वोच्च सत्ता स्वयं मनुष्य ही है, अब ऐसी स्थिति में ईश्वर के रूप में किसी अति-प्राकृतिक सत्ता की स्वीकृति निश्चयत: इस दर्शन की मूल भावना पर चोट पहुँचाएगा, यही कारण है कि अपनी मानवतावादी भावनाओं की संरक्षा में आधुनिक (वैज्ञानिक) मानवतावाद स्वयं को निरीश्वरवादी रूप में प्रस्तुत करता है। क्या राधाकृष्णन ने ईश्वर को स्वीकृति प्रदान कर स्वयं को असंगत बना डाला है? विवेचन के क्रम में सबसे पहले प्रथम आपत्ति को लें कि ब्रह्म की स्वीकृति के साथ ईश्वर की स्वीकृति व्याघात को जन्म देता है? इसे स्पष्ट करने के पूर्व हमें कुछ तथ्यों को प्रकाश में लाना होगा।

धार्मिक मनोवृत्ति से संचालित होकर राधाकृष्णन ने ईश्वर को स्वीकृति प्रदान करते हुए इसे ब्रह्म की क्रियात्मक एवं सृजनात्मक शक्ति के रूप में प्रतिष्ठित किया है। इनके अनुसार सृष्टि के पीछे एक सृजनात्मक शक्ति है, यही सृजनात्मक शक्ति विश्व का सृष्टा है और सृष्टा ईश्वर है। अत: राधाकृष्णन के अनुसार ईश्वर ब्रह्म से पृथक भिन्न या ऊपर की सत्ता नहीं है, वरन् यह तो ब्रह्म का ही एक सृजनात्मक पक्ष है। मूल सत् ब्रह्म है, लेकिन सृष्टि अर्थात् ब्रह्मांड के संदर्भ में यही ईश्वर रूप में प्रस्तुत होता है—''सर्वोच्च सत्ता को जब हम ब्रह्मांड से पृथक करके देखते हैं तो उसे पूर्ण ब्रह्म कहते हैं, और जब उसे ब्रह्मांड से सम्बद्ध रूप में देखते हैं तो उसे ईश्वर कहते हैं। पूर्ण ब्रह्म ईश्वर की ब्रह्मांड की सृष्टि से पहले की प्रकृति है, और ईश्वर ब्रह्मांडीय दृष्टिकोण से पहले पूर्ण ब्रह्म का रूप है।''

लेकिन क्या शुद्ध तत्त्व-दार्शनिक भाव में बिना किसी व्याघात के ब्रह्म और ईश्वर दोनों की सत् रूप में स्वीकृति दी जा सकती है? यदि राधाकृष्णन के साथ सृष्टि कार्य के उद्देश्य से ईश्वर को ब्रह्म का एक पक्ष मान लिया जाता है तो वैसी

स्थिति में ब्रह्म में स्वगत् भेद की उत्पत्ति होती और उस उत्पत्ति से निश्चयत: परम सत् के अद्वैतवादी स्वरूप पर गहरा आघात लगेगा। शुद्ध एकतत्त्ववाद के प्रबल प्रतिपादक शंकर को निश्चयत: इसकी अभिज्ञा थी, और यही कारण है कि अपने अद्वैतवादी दर्शन में उन्होंने दृष्टिभेद—पारमार्थिक दृष्टि और व्यावहारिक दृष्टि के भेद का प्रतिपादन किया, जिसके बल पर उन्हें ईश्वर को केवल व्यावहारिक सत् के रूप में प्रतिष्ठित करने का मार्ग प्राप्त हुआ एवं साथ ही अपने शुद्ध एकत्ववाद की संरक्षा में इस तथ्य को भी प्रतिपादित करने का मार्ग प्राप्त हुआ कि पारमार्थिक दृष्टि में ईश्वर भी नहीं है।

राधाकृष्णन शंकर के इस विचार से सहमत नहीं हैं। लेकिन क्या इनकी यह असहमति इनके जैसे नव्य-वेदांती को असंगत नहीं बनाता? निश्चय ही राधाकृष्णन नव्य-वेदांती हैं, वे शंकर तक के पोषक और व्याख्याकार भी हैं। लेकिन उसके अंध-उपासक अथवा कट्टरपंथी पुजारी नहीं है। उन्होंने शंकर के अद्वैतवाद के केन्द्रीय सत्य को सर्वोच्च और स्वत: सिद्ध मानते हुए उसकी व्याख्या इस तरह से की कि वह वैज्ञानिक मनस के लिए सुगंध हो गई है। वस्तुत: इनके दर्शन का एक विशिष्ट दृष्टिकोण है और वह है—वर्तमान आवश्यकतानुसार दर्शन को संवारना। सत् की अवधारणा को स्पष्ट करने एवं उसे वैज्ञानिक चेतना से युक्त करने का इनके द्वारा श्लाघनीय प्रयास हुआ है। एकवाद इनका दायधन था जबकि इनका पालन-पोषण वैज्ञानिक परिवेश में हुआ। व्यापक अध्ययन, गहन चिंतन, मनन और अंतर्दृष्टि ने इनकी समन्वयात्मक प्रबुद्ध दार्शनिक चेतना को परिपक्व बना दिया था। उन्होंने ब्रह्मवाद का सफल और अभिनव अनुज्ञान दिया। ब्रह्म और ईश्वर के बीच जो पारदर्शिता उन्होंने देखी, वह उनकी अपनी देन थी। ब्रह्म और ईश्वर मूलत: भिन्न नहीं है। उनकी भिन्नता जातिगत् नहीं, श्रेणीगत है। दोनों में विरोध देखना, एक को सत्य दूसरे को मिथ्या कहना असंगत है। सत्य यह है कि राधाकृष्णन के दर्शन में ब्रह्म और ईश्वर का स्वरूप वह सारतत्त्व है जिसमें तात्त्विक सत्य से लेकर व्यवहारिक सत्य तक का समावेश हो जाता है।

राधाकृष्णन के अनुसार आज की वैज्ञानिक चेतना उस सत्य को ग्रहण कर सकने में असमर्थ है, जो विशुद्ध तात्त्विक है अथवा जो जीवन की विविधांगी व्याख्या एवं जगत् की गत्यात्मकता पर प्रकाश डालती है। वैज्ञानिकों को यह श्रेय प्राप्त है कि उन्होंने विश्व-परिवर्तन और विकास को सिद्ध कर विकासवाद की प्रमाणिकता स्थापित की। तभी से जीवन से संबंधित कोई भी सिद्धांत जीवन के

विकासात्मक पक्ष की अवहेलना नहीं कर पाया है। राधाकृष्णन स्वीकार करते हैं कि जीवन एक विकास क्रम है, आदि और अंत अज्ञात हैं, हम केवल मध्य जानते हैं जो परिवर्तन की स्थिति में है। राधाकृष्णन का कहना है कि जगत् का परिवर्तनशील स्वरूप पूर्णतः स्पष्ट है। लेकिन क्या विज्ञान उसके आंतरिक प्रयोजन पर प्रकाश डाल सकता है? उनका कहना है कि जगत् के अंतर्निहित हेतु और धार्मिक चेतना की मांग को वैज्ञानिक नहीं समझ सकता। यह ठीक है कि विकास के सिद्धांत ने सभी को समान भाव से आकर्षित किया है। दर्शन के लिए भी यह एक महत्त्वपूर्ण आकर्षण है। जगत् के आदि एवं उद्‌गम पर दार्शनिकों ने मनन किया है तथा सभी ने मनन किया है कि जगत् की उत्पत्ति का क्या कारण है? यदि जगत् का कारण अपरिवर्तनशील ब्रह्म है तो जगत् में परिवर्तन कैसे है? कार्य और कारण भिन्नधर्मी कैसे हो सकते हैं? यदि ब्रह्म स्थैतिक है तो जगत् को भी स्थैतिक होना चाहिए। जगत् के विकास-क्रम को तभी समझ सकते हैं जब उसका आधार सत्य गत्यात्मक हो। राधाकृष्णन के अनुसार गतिहीन और गति का भेद कालातीत और काल का भेद है। यदि कालातीत सत्य है तो काल असत्य और यदि काल सत्य है तो कालातीत असत्य है। कालातीत और काल का भेद मनुष्य-स्वभाव के अभिन्न किंतु वाध्यतः विरोधी तत्त्वों की उपज है। बुद्धि और हृदय एवं चिंतन और भावना ने ही कालातीत और काल की धारणा को अपनाया है। इस विरोधी धारणाओं एवं मानव-स्वभावजन्य अधिकारों की पूर्ति के लिए ही राधाकृष्णन ने ब्रह्म तथा ईश्वर—दोनों को ही मानव-जीवन में प्रतिष्ठित किया है।

राधाकृष्णन द्वारा ईश्वर की प्रतिष्ठा के पीछे एक मानवतावादी कारण भी है। राधाकृष्णन को इसका ज्ञान था कि मनुष्य की कुछ मौलिक आकांक्षाओं की पूर्ति होनी अभी शेष है, और यह पूर्ति अमूर्त ब्रह्म की अवधारणा से नहीं हो सकती। इनकी इसकी भी अभिज्ञा थी कि कोई भी तत्त्व-मीमांसीय व्यवस्था, चाहे वह कितनी ही सुगठित क्यों न हो, इन मानवीय आकांक्षाओं की अवहेलना कर अंततः किसी भी मूल्य का नहीं रह जाता। ईश्वर मानव की उच्च आकांक्षा को यथार्थ करने वाले रूप का प्रतीत है। अतः इसकी अवहेलना कर दार्शनिक दृष्टि की सार्थकता को प्रतिपादित नहीं किया जा सकता।

लेकिन तब ऐसी स्थिति में उस निरीश्वरवादी मनोवृत्ति के विषय में क्या कहा जाएगा जो आधुनिक मानवतावादी विचारकों द्वारा अभिव्यक्त हुआ है? सर्वप्रथम हमें इस मनोवृत्ति को स्पष्ट करना होगा। सर्वेक्षण के क्रम में हम पाते हैं

कि इन मानवतावादी दार्शनिकों के बीच कुछेक द्वारा ईश्वर के अस्तित्व में संदेह प्रकट किया गया है तो कुछेक ने यह माना है कि ईश्वर के ज्ञान का हमें कोई वैध साधन उपलब्ध नहीं है। लेकिन अधिकांश विचारक केवल यह सोचकर कि उनकी केन्द्रीय समस्या मनुष्य है, स्वयं को जान-बूझकर ईश्वर के अस्तित्व के प्रश्न को लेकर किसी तार्किक विवाद में उलझाना नहीं चाहते। इन विचारकों का दार्शनिक बल मनुष्य के उत्थान के विचार पर सकेन्द्रित है तथा इस क्रम में इस तथ्य को प्रतिष्ठित करने पर सकेन्द्रित है कि मनुष्य अपना उत्थान एवं साथ ही अपनी भक्तिव्यता का निर्धारण स्वयं ही कर सकता है। स्वाभाविक रूप से तब इनके लिए ईश्वर की चर्चा कोई अर्थ नहीं रखती और यही कारण है कि ये ईश्वर की चर्चा में सहभागी होना पसंद भी नहीं करते। अब इस मनोवृत्ति को क्या कहा जाएगा? यह न तो तर्क-बौद्धिक निरीश्वरवाद है, न समीक्षात्मक निरीश्वरवाद और न ही रूढ़िवादी निरीश्वरवाद। इसका विश्वास न तो ईश्वर की सत्ता को खंडित करने में है (इसलिए यह समीक्षात्मक निरीश्वरवाद नहीं है) और न ही यह अयुक्तिपूर्ण ढंग से यह सिद्ध करता है कि 'ईश्वर नहीं है' (इस प्रकार रूढ़िवादी नहीं है)। वास्तव में यह तो ईश्वर से वियुक्त है, इसे ईश्वर की कोई आवश्यकता महसूस नहीं होती, यह मानव को केवल मानव रहने के लिए कहता है। इसकी अनुशंसा है कि व्यवहारिक जीवन ईश्वर के बिना ही पूर्णत: पर्याप्त है। इस रूप में यह मनोवृत्ति सिद्धांतत: निरीश्वरवादी नहीं वरन् व्यवहारिकत: निरीश्वरवादी है।

राधाकृष्णन इस व्यवहारिक निरीश्वरवाद से बिल्कुल सहमत नहीं है। उनका विश्वास था कि मनुष्य से भी बढ़कर एक आत्मिक सत्ता है। मनुष्य का लक्ष्य है कि इस सर्वव्यापक सत्ता के साथ अपनी एकात्मकता स्थापित करना। इसी एकात्मकता की दृष्टि में उन्होंने कहा है कि 'हम एक सर्वव्यापी आत्मा के अंग हैं, वह हम में दर्पण की तरह प्रतिबिम्बित होता है।' उनके अनुसार वह अन्य कुछ हो अथवा न हो, लेकिन इतना अवश्य है कि वह मानव में स्थित आत्मा है। यही हमारे सत् का मूल सार है। 'धर्म और समाज' में उन्होंने स्पष्ट शब्दों में कहा है कि 'ध्यान का लक्ष्य सर्वोच्च ईश्वरत्व है, जो बिल्कुल सही अर्थ में वर्णनातीत है। वह सब रूपों से परे है, कोई उसे आँखों से नहीं देख सकता। उसकी किसी भी सुनिर्दिष्ट या अनुभवगम्य वस्तु से तुलना नहीं की जा सकती। हम केवल इतना कह सकते हैं कि वह आत्मा ही सबका शासक है, सबका स्वामी है।'

ईश्वर परम आध्यात्मिक सत् है, लेकिन साथ ही यह आध्यात्मिक सत् किसी न किसी रूप में मानवात्मा है जो इस स्तर तक ऊर्ध्वगमित होता है। राधाकृष्णन के अनुसार यही जीवन का मौलिक सत्य है, और यह इस मौलिक सत्य से अनभिज्ञ होकर कोई मनुष्य किसी दूसरे देव की पूजा-उपासना करता है—यह सोचते हुए कि वह एक है और उपास्य देव दूसरा—तब वास्तविकता यह है कि वह सत्य को जानता ही नहीं। प्रत्येक मनुष्य के अंदर यह अमरत्व विद्यमान है, और यदि उसे अपने अंदर विद्यमान इस अमरत्व का ज्ञान नहीं है तो वैसी स्थिति में वह कर्म की डोर में बँधा एक ऐसी कठपुतली है जो अदृश्य शक्तियों के धक्कों से इधर-उधर झटके खा रहा है। यदि वह अपने अंदर स्थित इस सार्वभौम आत्मा का ज्ञान प्राप्त कर लेता है, उसके कार्य स्वतंत्रता की एक नई पृष्ठभूमि में क्रियांवित होने लगते हैं। राधाकृष्णन के अनुसार दीन से दीन व्यक्ति में भी आत्मा की यह चिनगारी विद्यमान रहती है, जिसे शक्तिशाली से शक्तिशाली साम्राज्य भी कुचल नहीं सकते। हम सबका मूल एक ही जीवन है, और हम सब एक ही सत् के अंश हैं—अमरता के पुत्र 'अमृतस्था पुत्रः'। इन आनंदहीन दिनों में हमें अपने मनों को सब युगों के श्रेष्ठ पुरुषों के महान वचनों और वीरत्वपूर्ण कार्यों द्वारा सबल बताना चाहिए। संभव है कि ऐसा प्रतीत हो कि हम इस समय पराजय के काल में हैं, परंतु यह पराजय भी गौरव और इच्छा की तीव्रता से शून्य नहीं है। मनुष्य की भावना के चिरस्थायी ईश्वरतत्व में विश्वास ही वह प्रकाश है, जिसके सहारे हम मृत्यु की छाया की घाटी तक बिना लड़खड़ाए चलते रह सकते हैं।

राधाकृष्णन की यह उद्‌भावना इस तथ्य का स्पष्ट परिचायक है कि मानवतावादी भावनाओं की तुष्टि में उन्होंने न केवल ईश्वर की आवश्यकता को स्वीकार किया है, वरन् इसकी अपरिहार्यता को माना है। यह ईश्वर मानव से युक्त कोई अलग सत्ता नहीं है, बल्कि इसकी सत्ता तो उसके साथ एकत्व में ही निहित है।

वस्तुतः राधाकृष्णन अपनी मानवतावादी प्रवृत्ति से इतने प्रभावित हैं कि उन्होंने यह भी मान लिया है कि मनुष्य ईश्वर से भिन्न सत् नहीं है, क्योंकि स्वयं मनुष्य में ही वह असीमता छिपी हुई है जो ईश्वर में विद्यमान है। वस्तुतः यह मानवीय लक्षण ही है, जो ईश्वर में व्यक्त होता है। इस अवधारणा से राधाकृष्णन के दो उद्देश्यों की पूर्ति होती है—एक तो इसके बल पर वे मनुष्य एवं ईश्वर की

तादात्म्यता को स्थापित करने में सफल हुए हैं तथा दूसरी ओर इस तथ्य को प्रदर्शित करने में सफल हुए हैं कि दोनों भिन्न भी हैं। इस अर्थ में कि एक में यह असीमता अभी गुप्त है जबकि दूसरे में यह व्यक्त हो चुकी है। वर्षों पुरानी बीज तथा वृक्ष की उपमा इस तथ्य को सुंदर ढंग से अभिव्यक्त कर सकती है। बीज तथा वृक्ष दोनों ही मूलतः एक है क्योंकि वह शक्ति जो वृक्ष में व्यक्त हुई है, वह ही मूलतः बीज में निहित थी। लेकिन वे दोनों भिन्न हैं, इस अर्थ में कि बीज में विद्यमान शक्ति साक्य रूप में है, जबकि वृक्ष में पूर्णतः व्यक्त है। अतः राधाकृष्णन के अनुसार ईश्वरत्व मनुष्य में ही विद्यमान है। उन्होंने स्पष्ट शब्दों में कहा है कि 'हमारे अंदर शाश्वत का जो विचार विद्यमान है, उसका कारण वास्तव में वह शाश्वत ही है जो हमारे अंदर विद्यमान है। यही हमें, हम जो अभी हैं, से अधिक आदर्शवान् एवं परिष्कृत बनने के लिए प्रयास करने को प्रेरित करता है। इनके अनुसार प्रत्येक व्यक्ति में आत्मा की गुप्त शाक्याताएँ हैं तथा प्रत्येक व्यक्ति ईश्वरत्व को प्राप्त कर सकता है क्योंकि शाश्वत् जीवन प्रत्येक व्यक्ति का जन्मसिद्ध अधिकार है। उन्होंने बल देकर कहा है कि 'मनुष्य केवल वही नहीं है जो वह दिखाई देता है। मनुष्य तो वह है जिसे परमात्मा के समान बनाया गया है उसकी अपनी प्रतिभा के रूप में। विशाल ब्रह्मांडीय भावना मनुष्य के अंदर साकार हुई है। उनके अनुसार तो मानव एक सूक्ष्म ब्रह्मांड है जो जगत् के संपूर्ण स्तरों—खनिज, उद्‌भिज, प्राणिज, मानवी एवं आध्यात्मिक का सम्मिलन है। सभी शक्तियाँ प्रच्छन्न रूप से उसमें विद्यमान हैं तथा जगत् अपना सृजनात्मक उपक्रम उसके द्वारा जारी रखे हुए हैं। अब उसे अपने जगत् को और स्वयं को सृजनात्मक रूप देना है।'

निष्कर्षतः कहा जा सकता है कि राधाकृष्णन का तत्त्वदर्शन मानवतावादी चेतना से अनुप्राणित है, जहाँ मानवात्मा और ब्रह्म के अपूर्व संयोजन एवं मनुष्य में ही विद्यमान ईश्वरत्व की अनुपम अनुभूति द्वारा मानवतावाद को एक विशिष्ट रंग से अभिरंजित किया गया है और वह रंग है—आध्यात्म का रंग।

अध्याय 19

जगत् की अवधारणा

तत्त्व-मीमांसा का एक प्रमुख कार्य जगत् अथवा संसार की व्याख्या करना भी है—वह संसार जिसमें मनुष्य जन्म लेता है; बड़ा होता है; जीने के लिए सतत् संघर्ष करता है और अंतत: मर जाता है। यह संसार क्या है, कहाँ से आया है तथा इसकी स्थिति क्या है? वे कुछ ऐसे मूल प्रश्न हैं जिन्होंने सभी प्रबुद्ध मनस को आरंभ से ही उद्वेलित कर रखा है। राधाकृष्णन को इन प्रश्नों के मूल्य का ज्ञान था, और यही कारण है कि अपने तत्त्व-मीमांसीय विवेचन में उन्होंने इन प्रश्नों को समुचित सम्मान प्रदान किया। इस पर विवेचन के समय उनके सामने दो आदर्श थे—एक आदर्श था आज के युग में प्रभावी वैज्ञानिक मानवतावादी आदर्श जिसने न केवल संसार को यथार्थ माना है वरन् इसे मानव की कर्म-भूमि के रूप में भी स्वीकार किया है। परलौकिक सत्ता के प्रति अविश्वास की प्रभावी वृत्ति से संचालित होकर इसने केवल उन्हीं लक्ष्यों एवं आदर्शों की बात की है, जो उसे उस कर्मक्षेत्र में ही प्राप्त होने हैं। इससे भिन्न एक दूसरा आदर्श था भारतीय परंपरा का वह आध्यात्मवादी आदर्श जो एकवाद की स्थापना में अन्य सबके साथ जगत् की यथार्थता का निषेध करता है।

राधाकृष्णन के साथ सबसे उल्लेखनीय बात यह है कि उन्होंने परंपरा के प्रति अपने आग्रह को प्रकट अवश्य किया है, लेकिन अंधानुग्रह को नहीं। वर्तमान युगीन चेतना की मांग भी इनके लिए महत्त्वपूर्ण थी। अत: न तो ये उस आध्यात्म को ठुकरा सकते थे जो इनकी अन्त:चेतना में विद्यमान थी और न ही ये अपने समय की मांग से अपने कान बंद कर सकते थे। यही कारण है कि उन्होंने जगत् के संबंध में एक ऐसी दृष्टि का सर्जन किया जिसके अंतर्गत इनकी आध्यात्मिक अंत:चेतना को संतोष तो प्राप्त हो ही, साथ ही साथ वर्तमान युग की मांग की पूर्ति

भी संभव है। इस संदर्भ में उन्होंने अपने जगत्-विवरण में जहाँ जगत् संबंधी वैज्ञानिक स्थापनाओं को, यहाँ तक कि सामान्य भौतिकवादी मान्यताओं को भी समाविष्ट करने का प्रयास किया है, वहीं साथ ही साथ इस विवरण में जगत् के मूल आध्यात्मिकता के अंशों पर भी सर्वाधिक बल दिया है। यहाँ उल्लेखनीय है कि इनके इस प्रयास में कहीं कोई विरोध नहीं है, क्योंकि इनकी स्पष्ट मान्यता रही है कि जगत् के आध्यात्मिक विवरण में जगत् के वैज्ञानिक एवं भौतिकवादी विवरण भी समाविष्ट है। इस अवधारणा को स्पष्ट करने तथा इसके साथ मानवतावादी संगति को सामने लाने के लिए हम व्याख्या के भिन्न पक्षों को अपना आधार बनाएँगे :

जगत् की उत्पत्ति

आध्यात्मवादी भावनाओं की संरक्षा एवं धार्मिक चेतना की पूर्ति में न सिर्फ राधाकृष्णन वरन् लगभग समस्त समकालीन भारतीय विचारकों के जगत् को सृष्टि का परिणाम माना है। यह संसार ईश्वर की सृष्टि है। रवींद्रनाथ टैगोर ने माना कि सृष्टि की क्षमता ईश्वर का लक्षण है, इसका अर्थ यह है कि ईश्वर स्वभावत: सृष्टि करता ही है। किंतु उल्लेखनीय है कि यह सृष्टि करना इसकी कोई मजबूरी, कोई बोझ, कोई बंधन नहीं है, वरन् यह तो उसके आनंदमय स्वरूप की ही एक अभिव्यक्ति है। सृष्टि सृष्टिकर्ता का एक आनंद खेल अथवा लीला है। अरविंद ने भी इस तथ्य की संपुष्टि की है, जब वे कहते हैं कि आह्लाद सृष्टि का रहस्य है। आह्लाद में ही सृष्टि का उद्भव है। सृष्टि आनंद का खेल है। राधाकृष्णन के जगत्-विचार के सृजन में इन विचारों ने महत्त्वपूर्ण भूमिका निभाई है। उन्होंने भी इसी परंपरा में माना है कि यह सृष्टि ईश्वर की देन है, तथा विश्व ईश्वरीय योजना की अभिव्यक्ति है। लेकिन रवींद्रनाथ टैगोर प्रभृति विचारक हैं इनकी भिन्नता इसमें है कि टैगोर ने जहाँ ईश्वर के लिए सृष्टि को अनिवार्य माना, वहाँ राधाकृष्णन ने इस सृष्टि को 'आकस्मिक' स्वीकार किया। उनके अनुसार सृष्टि का अर्थ है—ईश्वरीय संभावनाओं को रूप देने के लिए जगत् के रूप में व्यक्त हो जाना। यह सृष्टि वास्तव में ईश्वरीय स्वतंत्रता की भी अभिव्यक्ति है, ऐसा नहीं है कि ईश्वर के लिए यह अनिवार्य है कि यही सृष्टि हो अथवा सृष्टि हो ही। यह ईश्वरीय खेल अथवा लीला है, तथा यह ईश्वरीय स्वतंत्रता है कि अनंत संभावनाओं में से किस संभावना को व्यक्त रूप दिया जाए। अब यदि किसी एक संभावना को व्यक्त होने में कोई पूर्व निश्चय अथवा निर्धारण नहीं है, तो उसका अर्थ है कि उस संभावना का व्यक्त होना जगत् की आकस्मिकता है।

जगत् के विशिष्ट लक्षण

राधाकृष्णन ने जगत् के विवरण को प्रस्तुत करने में इसके तीन विशिष्ट लक्षण स्वीकार किए हैं :

(क) जगत् एक व्यवस्थित पूर्णता है। इसका अर्थ है कि जगत् का हर पक्ष एक दूसरे से व्यवस्थित ढंग से संबद्ध है। परंतु यहाँ उल्लेखनीय है कि राधाकृष्णन ने यहाँ यह भी माना है कि इस पारस्परिक संबंध में और अधिक गहन होने की प्रवृत्ति निहित है। पुनः इससे एक अन्य बात जो स्पष्ट होती है, वह यह कि जगत् का उसके अंगों या भागों में विभक्त नहीं किया जा सकता। राधाकृष्णन का स्पष्ट कथन है कि 'संसार में जो कुछ हम देखते हैं, वह सत्ता के क्षेत्र नहीं क्रिया के कालांश है। प्रकृति की प्रक्रिया एक, अखंड और अनवरत है, वह निश्चित गुणों वाली स्थितिशील सत्ताओं की एक अनवरत् शृंखला नहीं है।'

(ख) इससे जो दूसरा लक्षण सामने आता है, वह यह कि यह पूर्णता गत्यात्मक एवं क्रियाशील है। प्रकृति सतत् सक्रिय है। उसकी कोई अवस्था अंतिम अवस्था नहीं है—'प्रकृति के सतत् प्रवाह में न तो विश्राम है और न विराम। प्रकृति अपनी स्थिति से कभी संतुष्ट नहीं होती। वह नई स्थितियाँ पाने का प्रयत्न करती है।'

(ग) यह जगत्-प्रक्रिया कोई यांत्रिक प्रक्रिया नहीं है, वरन् इसमें एक प्रयोजन निहित है। पहले ही यह स्पष्ट किया जा चुका है कि राधाकृष्णन की प्रकृतिवादी मान्यताओं से असहमति थी। इसी असहमति की वृत्ति से संचालित होकर उन्होंने जगत् के स्वरूप की तात्त्विक प्रस्तुति में प्रकृतिवाद को निरसित किया। इनके विचार में प्रकृतिवादी व्याख्या वास्तव में एक यंत्रवादी व्याख्या है, और इस प्रकार की यंत्रवादी व्याख्याओं की वास्तविकता यह है कि यह कोई व्याख्या प्रस्तुत नहीं करती। राधाकृष्णन के अनुसार जगत् कोई मशीनी व्यवस्था नहीं है, वरन् इसकी प्रक्रियाओं में व्यापक प्रयोजन निहित हैं यह सतत् किसी लक्ष्य की ओर अग्रसर है। यह विश्व घटनाओं का अर्थहीन कोलाहल नहीं है, इसमें संगति अथवा दिव्य प्रयोजन है। इतिहास को प्रत्येक घटना और प्रत्येक क्षण द्वारा दिव्यता अभिव्यक्त होती है।

जगत् की स्थिति

(क) जगत् की यथार्थता का प्रतिपादन : राधाकृष्णन के अनुसार जगत् आकस्मिक है, लेकिन महत्त्वपूर्ण यह है कि आकस्मिक होते हुए भी यह जगत्

यथार्थ अर्थात् वास्तविक है। वस्तुत: समकालीन भारतीय दर्शन की जो सार्वभौम प्रवृत्तियाँ है, उनमें एक है जगत् की यथार्थता का प्रतिपादन। इसी प्रवृत्ति से संचालित होकर लगभग सभी भारतीय दार्शनिकों ने जगत् की यथार्थता पर बल दिया है। लेकिन क्या इस बल से अब उस आध्यात्मवादी प्रवृत्ति को आघात नहीं पहुँचता जिसके अंतर्गत सत् के एकत्व स्वरूप को स्थापित किया गया है? निश्चयत: कोई जबरदस्त कारण है जिसने इन दार्शनिकों को अपनी स्थापित मान्यताओं के खंडित होने का जोखिम उठाते हुए भी जगत् को यथार्थ मानने के लिए बाध्य किया। और वह कारण है—मानवतावादी आकांक्षओं की पूर्ति। लेकिन यहाँ प्रश्न है कि आखिर मानवतावाद जगत् की यथार्थता को मानने पर इतना बल क्यों देता है? इसके कुछ कारण निम्नत: स्पष्ट किए जा सकते हैं :

सर्वप्रथम जीवन एवं क्रियाओं का बोध मनुष्य को यह मानने के लिए बाध्य कर देता है कि वे सभी वस्तुएँ जिनके सम्पर्क में वह आता है, उसके जीवन के लिए प्रासंगिक एवं महत्त्वपूर्ण हैं। प्रकृति की विपरीत धाराओं से वह लड़ता रहता है, जगत्-प्रक्रियाएँ सदैव उसकी शक्ति की स्वत: प्रवर्तित धारा को बाँधना चाहती है। प्रकृति के इस विरोधी प्रयास से उसका संघर्ष निरंतर जारी है। इस संघर्ष के दौरान वह अपनी शक्ति को एक नया रूप और आयाम प्रदान करता है तथा अपने क्रियाकलापों का पुन: समायोजन करता है। परिणामत: मनुष्य यह मानने के लिए बाध्य है कि ये विरोधी शक्तियाँ उतने ही यथार्थ है जितना कि वह स्वयं।

पुन: आज का मानव वैज्ञानिक ज्ञान को अर्जित करने में पूर्णत: सक्षम हो चुका है, उसके द्वारा अर्जित वह वैज्ञानिक ज्ञान उसे इस संवृति जगत् की वास्तविकता को मानने के लिए बाध्य करता है। आज दैनिक जीवन विज्ञान से पूर्णत: प्रभावित है। आज वैज्ञानिक पद्धति केवल ज्ञान-प्राप्ति का मार्ग मात्र नहीं रह गया है, बल्कि यह समस्त वस्तुओं के निर्णय एवं मूल्यांकन का निष्कर्ष भी बन चुका है। इस सत्य का बोध भी इस बात का एक कारण है कि क्यों मानव-बुद्धि जगत्-भ्रम की अवधारणा का खंडन कर रही है।

फिर यह महत्त्वपूर्ण तथ्य यह है कि आज मनुष्य उस स्थिति तक पहुँच चुका है कि वह सत् का विश्लेषण कर सकें। चूँकि आज इसने अपने विचार की क्षमता को विकसित कर लिया है, अत: स्वाभाविक रूप से उसने अपने 'सत्' की प्रकृति पर भी विचार करना प्रारंभ कर दिया है और इसी का यह परिणाम है कि यह अपने अंदर के 'शारीरिक' एवं 'श्रेष्ठतर' पक्षों के अंतर को स्पष्ट करने

की स्थिति में आ चुका है। वर्षों तक यह 'श्रेष्ठतर' की रहस्यात्मक प्रकृति से आतंकित था जिसके कारण शारीरिक पक्ष की क्षमताओं को कम करके आँकने के लिए बाध्य था। अब स्थिति वैसी नहीं है। वैज्ञानिक ज्ञान की सहायता से इसने जहाँ अपने सत् के शारीरिक पक्ष का विश्लेषण करने में सफलता प्राप्त कर ली है, वहीं साथ ही वह अपनी प्रकृति का वास्तविक बोध प्राप्त करने में भी सफल हो गया है। इसके इसी बोध ने इसे इसका भी बोध प्रदान किया है कि श्रेष्ठतर पक्ष का उद्भव भी शारीरिक पक्षों में ही होता है। अब वह यह भी जान चुका है कि श्रेष्ठ सद्गुण एवं मूल्य भी वास्तव में शारीरिक पक्ष के ही एक अनुशासन के एक प्रकार के परिणाम हैं और इसलिए यदि कोई श्रेष्ठ प्रकार का सत् है तो उसे शारीरिक पक्ष को संसार के भौतिक पक्ष के सदृश रूप में अपनाया गया है। अत: यदि मानव के लिए शारीरिक पक्ष मूल्यवान है, तो वैसी स्थिति में जगत् के भौतिक पक्ष को भी मूल्य प्रदान करना पड़ेगा।

स्पष्ट है कि वर्तमान युग की चेतना मानवतावादी विचारों के पोषण में जगत् की यथार्थता की स्वीकृति की मांग करती है और राधाकृष्णन तथा उनके समकालीन भारतीय विचारक इस मानवतावादी मांग की अवहेलना करने में स्वयं को असमर्थ पा रहे थे। उनके अंतर की मानवतावादी चेतना उन्हें जगत् की यथार्थता को स्वीकार करने के लिए बाध्य कर रही थी। यही कारण है कि इन लोगों ने परंपरा में प्रभावी जगत्-भ्रम अथवा माया के सिद्धांत को या तो पूर्णत: बहिष्कृत कर दिया अथवा उसे नया अर्थ देने का प्रयास किया। जहाँ तक राधाकृष्णन का सवाल है—'भगवद्गीता' में माया का अर्थ विश्लेषण करते हुए राधाकृष्णन ने यह स्पष्ट किया है कि 'माया' शब्द 'मा' धातु से बना है जिसका अर्थ है—'बनना, रचना करना' और मूलत: इस शब्द का अर्थ था—रूप उत्पन्न करने की क्षमता। वह सृजनात्मक शक्ति जिसके द्वारा परमात्मा विश्व को गढ़ता है, 'योगमाया' कहलाती है। इस बात का कोई संकेत नहीं है कि माया द्वारा या परमात्मा, माया की रूप गढ़ने की शक्ति द्वारा उत्पन्न किए गए रूप, घटनाएँ और वस्तुएँ केवल भ्रम है। वस्तुत: राधाकृष्णन ने यह स्पष्ट करने का प्रयास किया कि यथार्थ में शंकर का मायावाद स्वयं ही जगत्-मिथ्यात्व का विरोधी है। उनके अनुसार यह बताता है कि विश्व की पुर्नव्याख्या आवश्यक है। आध्यात्मिक अनुभव विश्व की विविधता का अतिक्रमण करता है। यह उसे ब्रह्ममय देखता है। शंकर ही नहीं वरन् उपनिषद् भी, जिनके मूल सिद्धांतों की सच्ची व्याख्या के लिए शंकर दृढ़वती हैं, अमूर्त एकता का आलिंगन नहीं करते हैं। असीम ससीम का निराकरण नहीं करता। जगत परम ब्रह्म के सर्व-समावेश स्वरूप की अभिव्यक्ति है। यदि

ब्रह्म सत्य है तो वह असत्य नहीं हो सकता, जिसका ब्रह्म आधारभूत सत्य या भूमा है। विश्व ब्रह्म में आधृत है, अथवा समीम असीम में है। इसलिए यह सत्यांश से युक्त है। सत्य की स्वीकृति उन सभी की स्वीकृति है जोकि उन पर आधारित है। अत: ब्रह्म को परम सत्य मानने वाले सिद्धांत से ही यह निगमन होता है उन सबकी भी सत्यता है जो कि उस पर आधारित है। सृष्ट जगत् आत्मा से अभिन्न है, वह असत्य नहीं है। राधाकृष्णन ने कहा है—''इस संसार की सभी वस्तुएँ यद्यपि परिवर्तनशील हैं, फिर भी इसमें यथार्थता का तत्त्व है क्योंकि सबमें सत् निहित है। हम इस जगत् में सनातन रूप से रह सकते हैं क्योंकि यह ब्रह्म के ही प्रकाश का एक रूप है।' इस विचार के कारण राधाकृष्णन यहाँ पाश्चात्य दार्शनिक ब्रैडले के अतिनिकट दृष्टिगत होते हैं। ब्रैडले ने भी इसी भाव में कहा है कि 'हम संसार का कोई ऐसा निम्न प्रदेश खोज नहीं सकते जिसमें परम सत्ता का निवास न हो। कहीं भी कोई छोटे से छोटा एवं आंशिक ऐसा तथ्य नहीं है जो जगत् के निरर्थक हो। कोई धारणा चाहे कितनी ही मिथ्या हो, उसमें सत्य अवश्य है, और कोई अस्तित्व कितना ही क्षूद्र हो उसमें यथार्थता होती ही है। फिर जहाँ भी हम यथार्थता अथवा सत्य की ओर संकेत कर सकते हैं, वहीं परम सत्ता का अखंड जीवन प्रवाह है।

स्पष्ट है कि राधाकृष्णन के लिए जगत् की यथार्थता की स्वीकारोक्ति आध्यात्मिक मान्यताओं के लिए असंगत नहीं वरन् उनकी सुसंगति के लिए आवश्यक है। लेकिन इस स्वीकारोक्ति की पृष्ठभूमि में जो अधिक महत्त्वपूर्ण है, वह यह कि इसे स्वीकार किए बिना मानव-जीवन का सम्यक विकास संभव नहीं हो सकता। इनकी स्पष्ट मान्यता है कि जगत्-मिथ्यात्व का पोषण मानव-जाति के प्रति घोर अन्याय है। जगत् के मिथ्यात्व की अवधारणा जीवन के स्वस्थ विकास के लिए अवरोधक है। यह मनुष्य के अंदर उदासीनता, निष्क्रियता एवं पलायन वृत्ति को जन्म देती है, जिसके चलते मानव अपने को उस अंधकूप में पाता है, जहाँ उसकी गति और विकास अवरुद्ध हो जाता है। यही कारण है कि उन्होंने पूरे बल के साथ कहा है कि यह संसार कोई भूल या भ्रम नहीं है जिसे आत्मा द्वारा दूर किया जाना हो, अपितु यह तो आत्मिक विकास का एक दृश्य है जिसके द्वारा भौतिक तत्व में से ही दिव्य चेतना आविर्भूत हो सकती है। इनका तो यहाँ तक मानना है कि 'आध्यात्मिक मुक्ति का स्थान वह संसार ही है। सांसारिक जीवन अंतिम लक्ष्य से ध्यान विचलित करने वाला नहीं, अपितु अंतिम लक्ष्य को प्राप्त करने का साधन है।'

अत: राधाकृष्णन के अनुसार मानवीय आकांक्षाएँ जगत् की यथार्थता की स्वीकृति में ही तुष्ट होती है। अतएव जगत् को यथार्थ स्वीकार करना ही होगा। राधाकृष्णन का यह विचार अन्य समकालीन भारतीय विचारों द्वारा भी समर्थित हुआ है। उदाहरण के लिए इकबाल ने भी, इसी भाव में मानवीय आकांक्षाओं के मूल्य की महत्ता स्वीकार करते हुए माना है कि इन आकांक्षाओं की पूर्ति जगत् को यथार्थ मानने में ही होती है। अत: जगत् की यथार्थता को अस्वीकार नहीं किया जा सकता। महर्षि अरविंद ने भी जगत् की यथार्थता के विचार के संपोषण में परम्परागत जगत्-भ्रम की अवधारणा को पुनर्समीक्षा की है तथा इस सत्य का प्रतिपादन किया कि जगत् भ्रम का सिद्धांत भी वास्तव में हमें मनुष्य की दिशा में ही ले जाता है। यह भी सत् को देखने का एक मानवीय ढंग ही है, जो हमें भ्रम का भ्रम प्रदान करता है, जिसके फलस्वरूप मनुष्य ऊपर उठने की चाह में उस सत् को पाने का प्रयास करता है, जो शाश्वत है। अत: सत् के किसी भी पक्ष को भ्रमात्मक मानकर उसका बहिष्कार नहीं किया जा सकता। जगत् न केवल सत् है, वरन् इसमें स्वयं ही शाश्वतता विद्यमान है। रवींद्रनाथ टैगोर ने भी इसी रास्ते का अनुकरण कर स्पष्ट शब्दों में कहा है कि यद्यपि हमारे कुछ दर्शन-विचारक यह मत प्रकट करते हुए पाए जाते हैं कि सीमित वस्तु है ही नहीं; वह केवल माया है, भ्रांति है। वास्तविकता असीम में है, यह केवल माया है। अवास्तविकता है जो देखने में सीमित मालूम होती है। किंतु जो ध्यान देने की बात है, वह यह कि माया केवल एक नाम ही है। इससे किसी वस्तु का स्वरूप ज्ञान नहीं हो सकता। अत: इसके आधार पर यह स्वीकार करना कि जगत् अयथार्थ है, स्वीकार्य नहीं हो सकता।

स्पष्ट है कि परंपरावादियों का यह विचार कि जगत् स्वीकृति मानव के आध्यात्मिक विकास का बाधक है, न तो राधाकृष्णन को स्वीकार्य है और न ही इनके समकालीन अन्य भारतीय विचारकों को। बल्कि इसके विपरीत इनका तो यह मानना है कि जगत् की यथार्थता की स्वीकृति मानव के आत्म-विकास के लिए तो सहायक है ही साथ ही जगत्-प्रक्रिया के उद्देश्यों की पूर्ति में भी यह महत्त्वपूर्ण सहायक सिद्ध होता है। राधाकृष्णन ने स्पष्ट शब्दों में कहा है—"शाश्वत जीवन काल सापेक्ष संसार से हमें दूर नहीं ले जाता। यह उसका एक नया रूप हमारे सामने उद्घाटित करता है, यह संसार को ईश्वरीय ऐश्वर्य के प्रतिबिम्ब और इसकी एकता के बंधन के रूप में प्रस्तुत करता है। संसार मनुष्य के सच्चे, प्रामाणिक अस्तित्व के लिए खतरा नहीं है। हमें अपने चिरंतन अस्तित्व के प्रति जागरूक रहते हुए संसार में जीवनयापन करना है। हम रहें संसार में परंतु

शाश्वत सत्ता के साथ हमारी लौ लगी रहे। मनुष्य का सच्चा जीवन भौतिक सुरक्षा का जीवन नहीं है। यदि भौतिक सुरक्षा को ही हम सच्चे जीवन का स्वरूप मान लें, तब यह बालू पर दीवार खड़ी करने के समान होगा। सहानुभूति और प्रेम पर आधारित सच्चा, प्रामाणिक अस्तित्व ठोस चट्टान पर टिका होता है।''

मानव एवं जगत के बीच अंतरंग संबंध की प्रतिष्ठा पर बल

अत: राधाकृष्णन के विचार में सच्ची आवश्यकता जगत् से पलायन करने की नहीं है, वरन् जगत् के साथ अपना अंतरंग संबंध स्थापित करने की हैं; इनकी दृष्टि में यह संबंध एक प्रकार का आध्यात्मिक संबंध है, जिस संबंध में ही तथा जिसके माध्यम से ही मानव अपने आदर्श को प्राप्त करने में सफल हो जाता है। यहाँ दिलचस्प तथ्य यह है कि इस संबंध की प्रतिष्ठा में राधाकृष्णन के विज्ञान की सराहनीय भूमिका को खुले हृदय से स्वीकार किया है। उन्हांने स्पष्ट कहा है कि 'विज्ञान और तकनीकी आविष्कारों, राजनीतिक धाराओं और आर्थिक विचारों द्वारा दुनिया का दायरा सिकुड़ता जा रहा है, कोई भी देश अब किसी भी देश से बहुत दूर नहीं रह गया। पड़ोसीपन की निकटता विकसित होती जा रही है और हमें पूरी आशा है कि यह पड़ोसीपन एक सच्चे भाईचारे में परिणत हो जाएगा। यदि हमें मानव-जाति को बचाना है तो सारे संसार को अपना घर बना देना होगा।' इनके विचार में यदि विज्ञान हमें कोई शिक्षा देता है, तो वह है ब्रह्मांड के अंगी या संगठित स्वरूप की शिक्षा। हमारा उस विश्व के साथ, जिसकी हम कृति हैं, तादात्म्य है, हमारी आँखों के सामने फैले प्रत्येक दृश्य के साथ हमारा एकत्व है। उपनिषदों और प्लेटो, दोनों की एक सामान्य आलंकारिक उक्ति के अनुसार, प्रकृति का प्रत्येक पिंड समस्त ब्रह्मांड के प्रतिबिम्ब का छोटा रूप है। यदि ब्रह्मांड में नियम और व्यवस्था हो तो हमारा जीवन और चेतना आकस्मिक संयोग नहीं है। हम विश्व के साथ ठोस रूप में एकाकार हैं और हमारी जड़ें गहराई तक उसके भीतर गई हुई है। हम ब्रह्मांड के गिरे साक्षी चेता (स्पेक्टेटर) नहीं है, बल्कि उसके अभिन्न अंग का अवयव है। यदि यह मान लिया जाए कि विश्व की नियम व्यवस्था हमारे मन की कृति है, तोह मारे मन भी तो ब्रह्मांड के ही अंग हैं। राधाकृष्णन के इस विचार की संपुष्टि में रवींद्रनाथ टैगोर ने भी कहा है कि 'विज्ञान की नई प्रगति भी विश्व की एकता और विश्व के साथ हमारी एकात्मकता के सत्य को अधिकाधिक स्पष्ट करती जा रही है।' इनके विचार में हमारी आत्मा संसार में अपने से महत्तर आत्मा का अनुभव करती है और उसकी अमरता में उसे पूर्ण विश्वास होता है। मनुष्य स्वतंत्र तब कहलाता है जब वह संसार के

आत्मिक जीवन की धड़कन को अपनी आत्मा में सुनता है। श्री अरविंद ने भी इसी भाव में मानव का विश्व से एकात्मता की संपुष्टि में कहा है कि 'प्रकृति और मानव अविछेद्य रूप में संबंधित है। मानव के उद्भव और विकास में ही प्रकृति अपने लक्ष्य को प्राप्त करती है। विश्व की प्रगति मानव व्यक्तिगत के विकास में ही निहित है।

यहाँ ध्यातव्य है कि राधाकृष्णन ने न केवल मानव और जगत् के अंतरंग संबंध पर बल दिया है, वरन् इसी संबंध के आलोक में उन्होंने जगत् के पुनर्निर्माण की आवश्यकता पर भी बल दिया है। उन्होंने स्पष्ट रूप से माना है कि जगत् मनुष्य द्वारा अपने पुनर्निर्माण की प्रतीक्षा में है। उनके ही शब्दों में 'मानवीय प्रकृति में अपार शाक्यताएँ या प्रभविष्णुताएँ हैं। जबकि जागतिक उपक्रम का कोई पूर्व नियत लक्ष्य नहीं है। स्वतंत्र चुनाव करने की शक्ति हमें भविष्य के लिए आशा प्रदान करती है। हम संसार की पुनर्रचना कर सकते हैं। हमारे चरित्र में जो दोष या मनस् में जो त्रुटियाँ हैं उन्हें हम दूर कर सकते हैं। यदि हम वैसा करने का प्रयत्न करेंगे तो जगत् की शक्तियाँ हमारी सहायता करेंगी। हम अपनी चेतना में मानव-विकास की प्रक्रिया का संचालन कर सकते हैं। प्रकृति मानव-व्यक्तित्व में ही अपनी पूर्णता प्राप्त करती है क्योंकि सृजनात्मक प्रक्रिया का निर्माता है। वह जगत् का अप्रतिम प्रतिनिधि है, जिसमें प्रकृति की अचेतन सृजन-चेतना सृजना बन जाती है।'

स्पष्ट है कि अपने अंत: की मानवतावादी चेतना से अनुप्राणित होकर राधाकृष्णन ने न केवल जगत् की यथार्थता को स्वीकृति प्रदान की है, वरन् मानव एवं जगत् में एकात्मता को भी स्थापित किया है। इस स्थापना के पीछे उनकी यह अनुभूति प्रभावी थी कि जगत् की कोई व्याख्या तब तक कोई मूल्य नहीं रख सकती, जब तक कि उस व्याख्या में मानवीय संगति न हो अथवा कम से कम यह व्याख्या मानवीय ढंग को अनुगमित न कर रहा हो। यही कारण है कि राधाकृष्णन ने मानवीय संबंध में ही जगत् के स्वरूप एवं विकास तथा इसकी स्थिति को स्पष्ट करने का प्रयास किया। इसका स्पष्ट प्रमाण है—'मानव कर्मभूमि' के रूप में जगत् की व्याख्या।

जगत् मानव की कर्मभूमि

न केवल राधाकृष्णन वरन् लगभग सभी समकालीन भारतीय दार्शनिकों ने मानव-विकास में जगत् की अपरिहार्यता को स्वीकार करने के क्रम में इसे मानव

की कर्मभूमि स्वीकार किया है। वह कर्मभूमि जिसमें मानव अपने स्व के प्रयास से, अपने कर्मों द्वारा अपने भाग्य का स्वयं ही निर्माण करता है। यहीं वह जन्म लेता है, परिस्थितियों के साथ निरंतर जूझता है, तथा अपने उत्तरदायित्व का वहन कर अपने स्वरूप तथा अपने जीवन के मूल्य को एक अर्थ प्रदान करता है। इस संसार में मनुष्य का आविर्भाव एक विशिष्ट उद्देश्य के लिए हुआ है, और वह उद्देश्य है जीवन को एक नया आयाम प्रदान करना। यही कारण है कि रवींद्रनाथ टैगोर प्रभृति विचारक स्पष्ट शब्दों में यह उद्भावना व्यक्त करते हैं—''हम संसार में जीने के लिए आए हैं न कि केवल इसे जानने के लिए।'' अतः इस संसार को केवल वास्तविक मान लेना ही पर्याप्त नहीं है, बल्कि साथ ही साथ इसका भी ध्यान रखना है कि यह संसार एक रंगमंच है जिस पर मानव को अपनी भूमिका पूरी दक्षता के साथ निभानी है।

राधाकृष्णन के विचारों में यह भावना बलवती रूप में प्रभावी है। इसी प्रभाव से प्रभावित होकर उन्होंने जगत् की अपरिहार्यता एवं मानव-जीवन में इसके महत्त्व को खुले शब्दों में स्वीकार करते हुए कहा है कि यह एक ऐसा कर्मक्षेत्र है जहाँ व्यक्ति को उसके कर्मों द्वारा आत्म-विकास का सुअवसर प्राप्त होता है। ध्यान देने की बात यह है कि जहाँ टैगोर या इकबाल जैसे दार्शनिक यह मानते हैं कि यह संसार केवल आध्यात्मिक विकास का सुअवसर प्रदान करता है, वहाँ राधाकृष्णन ने इनसे भिन्न हो माना है कि यह संसार व्यक्ति के लौकिक विकास का सुअवसर प्रदान करता है, लेकिन साथ ही यह भी माना कि यह लौकिक विकास ही मानव के आध्यात्मिक विकास की मौलिक शर्त है। इस तथ्य की अभिव्यक्ति में राधाकृष्णन की शैली में हम अंतर पाते हैं। जैसे कभी तो उन्होंने इस तथ्य की अभिव्यक्ति एक नीति-उपदेशक की भाँति की है, तो दूसरे समय इसे उन्होंने एक तत्त्वदर्शनवेत्ता के रूप में सामने लाने का प्रयास किया है। फिर अनेक समयों में उन्होंने इस धर्म-वेत्ता के रूप में धार्मिक अनुभूति का मौलिक पक्ष स्वीकार किया है। इनका कहना है कि 'विश्व में मानव की विस्मयकारी उपलब्धियाँ हैं, कल्पनाएँ हैं और आविष्कार हैं।' राधाकृष्णन की निम्न अभिव्यक्तियाँ नैतिक दृष्टिकोण से जगत् की महत्ता को सामने लाने का प्रयास करती है—''यह संसार घृणा अथवा द्वेष के लिए नहीं है और न ही विध्वंस के लिए है। हमें संसार में प्रेम एवं सद्भाव की चेतना को विकसित करना होगा तभी राष्ट्रों की आंतरिक उन्नति संभव हो सकेगी।'' आखिरकार यह ब्रह्मांड एकाकी और प्रेम का भूखा प्रतीत नहीं होता। जो लोग जीवन के कठोर संघर्ष में लगे हैं, वे भी एक-दूसरे के

दु:ख और कष्ट के आदर के आधार पर एक साथीपन की भावना विकसित कर सकते हैं। दु:ख के भोग में साथीपन दु:खों के भार को ही हल्का करता है। अन्य स्थानों पर राधाकृष्णन ने इस तथ्य की एक तत्त्वदर्शन वेत्ता के रूप में आध्यात्मिक औचित्यपूर्णता को निरूपित करने का भी प्रयास किया है। इस प्रयास के अंतर्गत उन्होंने स्पष्ट शब्दों में कहा है कि 'अपनी क्रियाशीलता के अंतर्गत मनुष्य नाटक में अपनी नियति को विवश और घटनाओं को नियंत्रित कर सकता है।' उनका यह भी कहना है कि यदि हम जीवन को उसकी किसी भी प्रवृत्ति की उपेक्षा या अतिरंजना किए बिना यथार्थ रूप में देखें तो हम यह देखेंगे कि यह विराट गति हमारे किसी निजी लाभ के लिए कार्यरत् नहीं है। इसका अपना एक विशाल उद्देश्य है जिसकी पूर्ति के लिए वह प्रयत्नशील है और जिसकी तुलना में हमारे उच्चतम उद्देश्य भी अत्यंत तुच्छ हैं। पुन: राधाकृष्णन के विचारों में अनेक ऐसे उद्धरण हैं जो यह प्रदर्शित करते हैं कि यह संसार ही धर्मानुशासन के लिए मानव को भूमि प्रदान करता है। उदाहरण के लिए राधाकृष्णन ने खुले शब्दों में इस संसार को एक ऐसा प्रशिक्षणशाला माना है, जिसमें संपूर्ण मानव-जाति को उसकी पूर्णता प्राप्त होती है। उनके अनुसार, 'प्रकृति में एक लय है, और यह मानव जीवन के लिए आवश्यक है।' क्योंकि आध्यात्मिक मुक्ति का स्थान यह संसार ही है। वस्तुत: राधाकृष्णन की दृष्टि में यह सांसारिक जीवन मनुष्य को उसके अंतिम लक्ष्य को प्राप्त करने का साधन है।

राधाकृष्णन के विचारों का सार उनके निम्न कथन में व्यक्त किया जा सकता है—'जिस जगत् में हम रहते हैं, वह परिवर्तन के अधीन है। यह संसार अस्तित्व का स्रोत तथा स्राव एवं संभव (विकमिंग) का क्षेत्र है। यह वह स्थान भी है जहाँ हमें जीवन का अर्थ समझने का अवसर मिलता है।'

उपर्युक्त विवेचन से स्पष्ट है कि राधाकृष्णन द्वारा विश्व की यथार्थता पर दिया गया बल आकस्मिक नहीं है, वरन् यह एक सचेतन प्रयास है जिसके द्वारा राधाकृष्णन ने अपनी मानवतावादी भावनाओं को तुष्ट करने का प्रयास किया है। लेकिन वैज्ञानिक मानवतावादियों से इनकी वैचारिक भिन्नता इस बिंदु पर लक्षित है कि जहाँ ये मानवतावादी विचारक स्वयं को इस मान्यता पर रोक लेते हैं कि यह संसार एक कर्मभूमि है, वहाँ राधाकृष्णन केवल यहीं पर नहीं ठहर पाते। वे एक कदम और आगे बढ़कर यह मानते हैं कि यह संसार ऊपर अथवा परे का भी निर्देश करता है तथा इस संसार में सम्पादित कर्म का परे के जीवन और अस्तित्व के लिए भी अर्थ होता है। अत: इनके लिए इस संसार का महत्त्व है, और इसके

महत्त्व की यह स्वीकृति निश्चयत: उन्हें मानवतावादियों के अति निकट ले आती है।

यहाँ पर कुछ अन्य तथ्यों का उल्लेख उपेक्षित है। वैज्ञानिक मानवतावादियों की विज्ञान में अपार निष्ठा है। इनका मानना है कि समस्त मानवीय तथा अन्य समस्याओं पर विज्ञान की समुचित प्रयोज्यता से ही समुचित समाधान प्राप्त हो सकता है तथा मनुष्य का हित-संवर्द्धन संभव हो सकता है। जहाँ तक राधाकृष्णन का प्रश्न है, अपने आध्यात्मिक दर्शन के विकास में उन्होंने भी इन मानवतावादियों के समान ही वैज्ञानिक सत्यताओं का कमो-वेशी समावेशन किया है। विशेष तौर पर जगत् की व्याख्या के क्रम में वैज्ञानिक तथ्यों का निर्देश करने में उन्होंने कभी भी किसी प्रकार की हिचकिचाहट नहीं दिखलाई है। बल्कि उनकी तो मान्यता रही है उनके द्वारा प्रस्तुत व्याख्या की वैज्ञानिक प्रकृति उनके द्वारा आध्यात्मिक मूल्यों पर दिए गए बल से किसी भी रूप में खंडित नहीं होता। स्पष्ट है कि राधाकृष्णन को विज्ञान की महत्ता स्वीकार्य थी और इसी स्वीकृति के आधार पर उन्होंने यह उद्‌भावना व्यक्त की कि 'हमारे पुराने संसार को इतना अधिक बदलने वाली नई शक्तियों में सबसे अधिक महत्त्वपूर्ण प्राकृतिक विज्ञान है। इनके विचार में विज्ञान ने अपनी पद्धतियों एवं निष्कर्ष द्वारा उस वातावरण को ही बदल डाला है, जिसमें मनुष्य रहता है, चलता-फिरता अथवा सोचता है। इसने हमें एक नई दिशा दिखलाई है कि किसी भी प्रतिज्ञप्ति को तभी स्वीकार किया जा सकता है जबकि मनुष्य उसे सिद्ध करने की स्थिति में न हो। बात भी उचित प्रतीत होती है, क्योंकि जब कभी हम कोई बात करते हैं तो यह मालूम करना हमारा कर्त्तव्य हो जाता है कि जो लोग उसकी परीक्षा करेंगे, वे उसे प्रभावों से पुष्ट कर सकेंगे अथवा नहीं। अत: विज्ञान की महत्ता को अनदेखा नहीं किया जा सकता। इसे इस कारण भी अनदेखा नहीं किया जा सकता कि राधाकृष्णन के विचार में विज्ञान मानव के आध्यात्मिक बोध में महत्त्वपूर्ण सहायक सिद्ध होता है। वस्तुत: राधाकृष्णन ने अपनी आध्यात्मिक धारणाओं के साथ विज्ञान की स्वीकृति के सामंजस्य को बनाए रखने के लिए स्पष्ट शब्दों में यह स्वीकार किया है कि मानव के आध्यात्मिक आरोहण में विज्ञान सीढ़ी का काम करता है। लेकिन इसका यह अर्थ नहीं है कि विज्ञान ही सबकुछ है, या विज्ञान की समस्त समस्याओं का एक मात्र निदान है। राधाकृष्णन ने स्पष्ट शब्दों में कहा है कि 'हमारे वैज्ञानिक सिद्धांत, जो पुराने सिद्धांतों को खंडित कर उनके स्थान पर प्रतिष्ठित हुए हैं, क्रमिक प्रगति की लंबी श्रृंखला में एक कड़ी मात्र है। यह संभव है कि समय आने पर नए सिद्धांत उन्हें भी अपदस्थ कर दे। उनका महत्त्वपूर्ण औचित्य इस बात में है कि

आज के संबद्ध तथ्यों के लिए वे पर्याप्त हैं। लेकिन यहाँ ध्यातव्य है कि सत्य की खोज के लम्बे सफर में वे केवल बीच की मंज़िल हैं, लेकिन वे चरम और पूर्ण नहीं है। दूसरी ओर धर्म यह दावा करता है कि वह निरपेक्ष और पूर्ण है। धर्म के सत्य अपरिवर्तनीय हैं तथा हमारा कर्त्तव्य है कि हम उसकी रक्षा करें। यही कारण है कि राधाकृष्णन ने यह महसूस किया कि विज्ञान के दो पक्ष हैं—एक तो तथ्यों का आविष्कार तथा दूसरा ज्ञात तथ्यों का हवाला देते हुए उसकी व्याख्या हेतु बौद्धिक साँचे का निर्माण। इन दोनों में दूसरा महत्त्वपूर्ण है, क्योंकि यद्यपि यह विज्ञान का आधृत है किंतु तब भी यह विज्ञान से परे उस क्षेत्र में जाने की मांग करता है जहाँ वैज्ञानिक उपकरणों का प्रवेश संभव नहीं होता। राधाकृष्णन के ही शब्दों में—''वैज्ञानिक कार्यकलाप के दो पहलू होते हैं, तथ्यों का आविष्कार तथा दूसरे ज्ञात तथ्यों का हवाला देते हुए उनकी बौद्धिक सांचे का निर्माण। तथ्य प्रमाणिक होते हैं, जबकि व्याख्याएँ अस्थायी होती हैं। फिर तथ्य मूल्यों का निर्णय नहीं है। जब हम सब मिलकर तथ्यों की व्याख्या करने का प्रयत्न करते हैं, एवं उनके अर्थ एवं मूल्य की घोषणा करते हैं, तब हम विज्ञान की सीमा के बाहर चले जाते हैं। वैज्ञानिक मस्तिष्क गौण कारणों से संतुष्ट हो जाता है, तत्त्ववादी और दार्शनिक अंतिम कारणों की मांग करते हैं।''

राधाकृष्णन के अनुसार मनुष्य की समस्त जिज्ञासाएँ वैज्ञानिक तथ्यों के स्पष्टीकरण से तुष्ट नहीं हो जाती। इसके लिए हमें इसके क्षेत्र से परे जाना होगा। उन्होंने स्पष्ट शब्दों में कहा है कि विज्ञान द्वारा किए गए प्रयास के बावजूद अभी भी अंत:करण की, आत्मा की जितनी पिपासाएँ हैं, जिनमें सत्य के ज्ञान की पीपासा भी शामिल है। उनका समाधान करने की आवश्यकता है।

राधाकृष्णन की इस उद्भावना से यह स्पष्ट होता है कि विज्ञान के विरुद्ध फूटने वाला उनका तीव्र भवावेग पूर्णत: स्वाभाविक है। यह ठीक है कि विज्ञान संसार की वास्तविकता के लिए व्याख्या तथा इसकी स्वीकृति के लिए औचित्यपूर्ण आधार प्रदान करता है, किंतु यदि हम यहीं पर रूक जाते हैं, तब निश्चयत: हम सत्य को कभी भी प्राप्त नहीं कर सकते हैं। यही कारण है कि राधाकृष्णन ने कहा है कि विज्ञान और उसके आविष्कार केवल बाह्य संगठनों से संबंधित हैं न कि आंतरिक जीवन से। ये केवल अच्छे जीवन की बाधाओं को दूर कर सकते हैं। लेकिन अच्छे जीवन की संरचना नहीं कर सकते। वस्तुत: विज्ञान स्वयं में अपूर्ण है, तथा यह सदैव ही स्वयं से परे की ओर एकटकी बाँधे देखता रहता है।

अत: राधाकृष्णन के अनुसार विज्ञान अनिवार्य है, लेकिन यह केवल एक-अवस्था है, जिसे निश्चयत: पार करना है। उन्होंने स्पष्ट शब्दों में कहा है कि

'अपनी व्यावहारिक प्रयोज्यता में विज्ञान के निष्कर्ष इतने अधिक प्रभावोत्पादक हैं कि हम यह विश्वास करने के लिए मज़बूर हो जाते हैं कि नियमों से शासित यह भौतिक संसार ही वह अकेला संसार है जिसका अस्तित्व है। पिछले पचास वर्षों में विज्ञान के प्रभाव से जो परिवर्तन हुए हैं, निश्चित रूप से पिछले तीन-चार हज़ार वर्षों में हुए परिवर्तनों से कहीं अधिक महान है। रेडियो, टेलीविज़न, हवाई-जहाज़, पेन्सिलीन, प्लास्टिक, अणु बम; चाहे ये अच्छे हों या बुरे; सभी के सभी विज्ञान की ही देन हैं। लेकिन जो ध्यान देने की बात है वह यह है कि ये उपलब्धियाँ भी जड़ की सर्वशक्तिमत्ता को प्रदर्शित नहीं करती, बल्कि इनसे तो आत्मा की सर्वशक्तिमता व्यक्त होती है। वास्तव में यह तो मनुष्य के अंत: में विद्यमान आत्मा है जो प्रकृति के रहस्यों को उजागर करती है। फिर जो महत्त्वपूर्ण है, वह यह कि यदि वैज्ञानिक को सफल होना है, तो उसे स्वयं में एक अनुशासित समर्पण की एवं अत्रिध्वंस की भावना को विकसित करना होगा। उसे अपनी चेतना को इस रूप में परिष्कृत करना होगा कि उसमें सहिष्णुता, पूर्वाग्रहों से विमुक्ति, व्यापक हृदय एवं नए विचारों को अंगीकार करने जैसे सद्गुणों का समावेश हो सके।

स्पष्ट है कि राधाकृष्णन को विज्ञान से कोई विरोध नहीं है, विरोध केवल इसे सबकुछ मान लेने तथा इसके आविष्कारों तक ही सत्य को सीमित मान लेने से हैं; निश्चयत: विज्ञान के आविष्कार एवं इसकी उपलब्धियाँ ने जगत् की बारीकी को समझने में सराहनीय योगदान दिया है, लेकिन इसने जो भी सत्य प्रस्तुत किए हैं वे पूर्ण सत्य नहीं हैं। और यदि इस सत्य को पाना है तो निश्चयत: हमें विज्ञान की सीमाक्षेत्र के ऊपर उठकर आध्यात्म के क्षेत्र में प्रवेश करना होगा।

यहाँ पर विचार के लिए कुछ प्रश्न सामने आते हैं। अपनी जगत् अवधारणा में राधाकृष्णन ने विश्व की वास्तविकता का प्रतिपादन किया है तथा इसे मानव की वह कर्मभूमि भी माना है, जहाँ मनुष्य को स्वयं ही अपनी नियति का निर्माण करना है। लेकिन क्या यह (लौकिक) संसार और राधाकृष्णन के आध्यात्मिक आदर्श एक-दूसरे का खंडन नहीं करते हैं? आलोचकों ने राधाकृष्णन की आलोचना में इस तथ्य को उद्घाटित किया है। राधाकृष्णन स्पष्टतया इसका खंडन करते हैं। उनके विचार में लौकिक संसार की स्वीकृति से उनके आध्यात्मिक आदर्शों में कोई आघात नहीं पहुँचा। इस संदर्भ में उनका कहना है कि जब कोई मानव जगत् में सब वस्तुओं का त्याग कर देता है, तब वस्तुएँ एक नए आयाम में उसकी हो जाती है। उसे तब जगत् की वस्तुओं का वर्णन करने की आवश्यकता नहीं होती।

उसे वह आंतरिक अनासक्ति के साथ रखता है, और इसके कारण एक नूतन आनंद से पूर्ण हो जाता है।

फिर यहाँ एक उल्लेखनीय तथ्य यह है कि जगत् में स्थित योजना एवं व्यवस्था भी हमें यह मानने के लिए बाध्य करती है कि 'सांसारिक' और 'आध्यात्मिक' में यथार्थतः कोई विरोध नहीं है। राधाकृष्णन ने स्पष्ट शब्दों में कहा है कि 'जगत में एक व्यवस्था, एक क्रम है और यह संपूर्ण व्यवस्था एक करने की अभिव्यक्ति है। अतः यह जगत् एक परम चिति (सुप्रीम माइंड) की अभिव्यक्ति है। इस जगत् में साध्य के लिए जो साधनों का सहारा लिया जा रहा है, वह केवल संयोग की बात नहीं है, वह एक नियंत्रक एवं संघटनकारी मान का द्योतक है।'

स्पष्ट है कि राधाकृष्णन को 'सांसारिक' और 'आध्यात्मिक' के बीच के विरोध की सामान्य अवधारणा स्वीकार्य नहीं थी, बल्कि उन्होंने तो अपनी आध्यात्मिक योजना में सांसारिक को मानव के अतिनिकट लाने का प्रयास किया है। उनके इस प्रयास ने ही उनके विचार को और अधिक संगत बना दिया है, क्योंकि यह उनकी योजना में वैज्ञानिक तथ्यों के समावेशन के लिए तर्कयुक्त आधार प्रदान करता है। इसके कारण ही राधाकृष्णन इस तथ्य को प्रतिष्ठित करने में समर्थ हो पाए कि लौकिक वैज्ञानिक संसार ही मनुष्य को आत्म-विकास हेतु ऊपर जाने के लिए आधारभूमि प्रदान करता है। वस्तुतः केवल आध्यात्मिकता पर बल देने के कारण राधाकृष्णन के विचारों को अमूर्त और शायद वर्तमान वैज्ञानिक चेतना के साथ असंगत होने का खतरा रहता, लेकिन यदि आध्यात्मिकता सांसारिक का विरोधी नहीं है, और यदि यह सांसारिक का ही परिणाम है तो इसे सहजता के साथ स्वीकार किया जा सकता है।

अध्याय 20

सहज बोध

राधाकृष्णन के दर्शन का एक अंश उनकी ज्ञान-मीमांसा भी है। राधाकृष्णन के दर्शन में इस अंश का व्यापक महत्त्व है क्योंकि यह उनकी तत्त्व-मीमांसा का मुख्य आधार है। राधाकृष्णन की तत्त्व-मीमांसा का लक्ष्य है—'सत्य की खोज।' इस सत्य के ज्ञान की व्याख्या जिसके अंतर्गत होती है, तथा जो इस सत्य की वास्तविकता को प्रतिष्ठित करती है, दर्शन के इसी पक्ष को ज्ञान-मीमांसा कहा गया है। अत: राधाकृष्णन के आध्यात्मवाद के दृष्टिकोण से इसका महत्त्व तो है ही, इसका महत्त्व इस दृष्टिकोण से भी है कि यह इनकी मानवतावादी आकांक्षाओं को तुष्ट करता है, क्योंकि राधाकृष्णन ने स्वयं ही माना है कि एक नए और श्रेष्ठ जीवन के उद्‌भव की आशा महान ज्ञान की नींव पर आधारित है।

ज्ञान-मीमांसा की सर्वोपरि समस्या ज्ञानोपार्जन के तरीकों की व्याख्या से संबंधित है। राधाकृष्णन ने इसके तीन तरीके स्वीकार किए हैं—(1) इंद्रिय अनुभव, (2) तार्किक चिंतन अथवा बुद्धि (3) आध्यात्मिक सहजबोध अथवा अंत:प्रज्ञा। उनकी दृष्टि में ये तीनों ही मानवीय चेतना से संबद्ध हैं। इनमें से इंद्रियानुभव जगत् के बाह्य स्वरूप का परिचय प्रदान करता है। यह वस्तुओं के संवेद्य गुणों का ज्ञान है। इसका क्षेत्र विज्ञान का क्षेत्र है जो उनकी व्याख्या के लिए वैचारिक विधान बनाता है। इनसे भिन्न बौद्धिक ज्ञान विश्लेषण और संश्लेषण से प्राप्त होता है। यह ज्ञान प्रत्ययात्मक है तथा इसका स्वरूप अप्रत्यक्ष और सांकेतिक है। राधाकृष्णन के अनुसार इन्द्रियज्ञान एवं बौद्धिक ज्ञान दोनों ही के माध्यम हैं जिनके द्वारा मानव व्यावहारिक उद्देश्य की दृष्टि से वातावरण पर नियंत्रण प्राप्त करता है किंतु साथ ही यहाँ यह भी उल्लेखनीय है कि सत्य ज्ञान प्राप्त करने के

संदर्भ में ये दोनों ही अपर्याप्त हैं; दोनों ही वस्तुओं की आंतरिकता का बोध प्रदान करने में अक्षम है। बुद्धि वस्तु को बाहर से छू भर पाती है, उसके अंदर बैठ नहीं पाती। फिर यहाँ यह भी ध्यात्वय है कि वस्तु का विश्लेषणात्मक वर्णन करना एवं उसको उसकी संपूर्णता में जानना दो भिन्न कार्य है। बुद्धि वस्तु को समझने एवं उसका वर्णन करने के लिए विश्लेषण को अपनाती है, जबकि विश्लेषण वस्तु की एकता को छिन्न-भिन्न कर देता है। अत: राधाकृष्णन के अनुसार बुद्धि जीवन को उसकी समग्रता में नहीं समझ पाती। तीसरा स्रोत सहजबोध है, जो हमें सत्य का सम्यक् ज्ञान प्रदान करता है। राधाकृष्णन के अनुसार यह ज्ञान तब प्राप्त होता है जब मनस् और सत्ता एक दूसरे से अनन्यत: घुल-मिल जाते हैं। इस प्रकार यह तदाकार हो जाने से प्राप्त ज्ञान है, न कि ऐन्द्रिय का सांकेतिक बोध। यह वास्तव में वस्तुओं की सत्यता का तादात्मयजन्य बोध है। यह न तो अमूर्त विचार और विश्लेषण है, न आकारहीन अंधकार और न अदिस अनुभव। वास्तव में यह अंत:प्रज्ञा है, सत्य के साथ एक हो जाना, ज्ञान के विषय में मिल जाना है, यह तादात्म्य है। इस स्थिति में ज्ञात विषय आत्मा से बाहर नहीं रहता, वरन् उसी का अंग बन जाता है। राधाकृष्णन के शब्दों में—''सहज बोध ज्ञान वस्तु और चेतना के तादात्म्य से सुलभ होता है। यह वस्तुओं के तत्त्व का तादात्म्य द्वारा बोध है। हम सत्य के साथ, ज्ञेय वस्तुओं के साथ, एकत्व स्थापित करते हैं। ज्ञान वस्तु ज्ञाता के 'स्व' से बाहर की वस्तु के रूप में नहीं, बल्कि 'स्व' के अंग के रूप में ही होती है।''

वस्तुत: चैतन्य का स्फुरण ही सहज ज्ञान है, जिसमें सत्य अपने मूल स्वरूप में प्रकाशित होता है। भेद की दूरी एकता में मिट जाती है। वह जो जानना है और जो जाना जाता है, वास्तव में एक ही है। अत: सत्यानुभव की स्थिति, सहजबोध अथवा चैतन्यता में, विचार और सत्ता जो मूलत: एक ही है, एकत्व प्राप्त कर लेते हैं। इस ज्ञान में सत्ता जो मूलत: एक ही है, एकत्व प्राप्त कर लेते हैं। इस ज्ञान में सत्ता के साथ साक्षात्कार हो जाता है। सहज बोध वास्तव में आत्मा का ज्ञान है। अपने से एकत्व प्राप्त कर अपने बारे में सचेत होना है। यही ब्रह्म साक्षात्कार है। ब्रह्म परम सत्ता का प्रतीक है, यह पवित्र ज्ञान, सहज ज्ञान एवं सहज बोध जन्य प्रज्ञा है। राधाकृष्णन की यह अवधारणा उनकी आध्यात्मवादी भावनाओं को तुष्ट करती स्पष्टतया लक्षित है।

यहाँ उल्लेखनीय है कि राधाकृष्णन ने मानवीय चेतना के तीनों प्रकार से सहजबोध को सर्वोच्च माना है। इनके अनुसार वे श्रेष्ठ धारणाएँ जो जीवन के दुःसाध्य कारणों पर नियंत्रण रखती है, सहजबोध-जन्य गहन सत्य हैं, जिन्हें आत्मा के गहनतम अनुभवों ने उत्पन्न किया है। राधाकृष्णन ने सहजबोध को मनस् की सर्वोच्च स्थिति इस अर्थ में भी घोषित किया है कि यह द्वंद्व रहित एकता की स्थिति है। यह सत्तात्मक एकता में रहना एवं आत्मा के स्वतः का अनुभव है। यह यथार्थ में आत्मज्ञान है। यह आत्मज्ञान न तो तार्किक है, न इन्द्रियलब्ध और न बौद्धिक ही है। 'यह न वाणी से, न मन से और न क्षेत्र से ही प्राप्त किया जा सकता है।' राधाकृष्णन ने स्पष्ट शब्दों में कहा है—''सहज बोध ज्ञात आत्मा द्वारा उपलब्ध ज्ञान है, जो प्रत्यक्ष और बुद्धि से परे है।'' इसकी सर्वोच्चता इस कारण भी है कि यह निश्चित, स्पष्ट, जीवंत, अपरोक्ष, श्रेष्ठ, असंदिग्ध एवं स्वतः सिद्ध है।

यहाँ कुछ बातें उल्लेखनीय हैं :

(1) सहज बोध बुद्धि से भिन्न है। बुद्धि वस्तु को उसके अनुपम सम्यक् सौंदर्य में ग्रहण करने में असमर्थ है। राधाकृष्णन के अनुसार करने के लिए तार्किक चिंतन का अतिक्रमण करना पड़ता है।

लेकिन भिन्न होने का अर्थ विशेष होना नहीं है। राधाकृष्णन ने स्पष्ट शब्दों में कहा है—''सहज बोध ज्ञान बौद्धिक ज्ञान नहीं है, यह असंकल्पनात्मक अवश्य है। यह बौद्धिक अंतर्ज्ञान है, जिनमें अव्यवहितता और व्यवहितता दोनों ही सम्मिलित है।'' वस्तुतः इसका संबंध बुद्धि से वैसा ही है जैसा कि इंद्रिय ज्ञान से। एक की पूर्णता दूसरे का आरंभ है। लेकिन साथ ही यहाँ यह भी उल्लेखनीय है कि बुद्धि का विरोधी न होते हुए भी यह बुद्धि से परे है। यह समग्र अनुभव, सम्यक् अथवा पूर्ण ज्ञान हैं। यह निरपेक्ष, असंदिग्ध तथा निश्चयात्मक है। जीवन के समस्त गहनतम् सत्यों का बोध इसी के द्वारा होता है। 'रेन ऑफ रिलीज़न' में राधाकृष्णन ने इस तथ्य को बहुत ही स्पष्ट ढंग से व्यक्त किया है।

सहजबोध पर इस बल द्वारा राधाकृष्णन ने अपनी अनूठी मानवतावादी भावनाओं को तुष्ट करने का प्रयास किया है। राधाकृष्णन की दृष्टि में मानव सामान्य प्राणी नहीं वरन् अनुपम क्षमताओं से संपन्न एक विशिष्ट प्राणी है। इन्हीं अनुपम क्षमताओं में एक क्षमता गुह्यतम सत्य को पकड़ पाने की क्षमता है, और

उसकी इस क्षमता को क्रियान्वित करने में सहज बोध उसका मुख्य उपकरण बनता है। वस्तुत: जैसा कि हम ऊपर स्पष्ट कर आए हैं कि सहज-बोध ज्ञाता ज्ञेय की अबाध एकता का प्रतीक है। इसमें अस्तित्व ही चेतना है और चेतना ही अस्तित्व है, जीवात्मा का जीवत्म विश्वात्मा में मिल जाता है। विश्वात्मा ही जीवात्मा के सत्य के रूप में प्रकाशित होता है। इसमें सामान्य जीवन का खिंचाव विलीन होकर आंतरिक शांति, शक्ति और आनंद को उत्पन्न कर देता है। ऐसी शांति जो निश्चलता और विश्वास की यथार्थ भावना है। दु:ख, पराजय और निराशा के बीच आनंद की शक्ति है। अंधकार में प्रकाश, उदासीनता में उल्लास तथा निराशा में आशा का आश्वासन है। ऐसे अनुभव की अतिविच्छिन्नता स्वर्णिक जीवन का निर्माण तथा स्वर्ग में रखना है। यहाँ महत्त्वपूर्ण रूप से उल्लेखनीय है कि यह स्वर्ग वह स्थान नहीं है, जहाँ देवता निवास करते हैं। अपितु यह तो मनुष्य के अस्तित्व का एक ऐसा प्रकार है जो सर्वथा एवं पूर्णतया यथार्थ है। यहाँ राधाकृष्णन की पाश्चात्य मानवतावादी विचारकों से भिन्नता स्पष्ट लक्षित है, पाश्चात्य मानवतावादी विचारक मनुष्य के आध्यात्मिक अस्तित्व को संशय की दृष्टि से देखते हैं। इसका मूल कारण है कि इस मानवतावादी परंपरा के अनुसार मनुष्य सारत: बौद्धिक प्राणी है। उसका चिंतन तार्किक् और संदेहवादी है। उसके कर्मों का संचालन उपयोगिता का बोध कराता है। सत्य यह है कि आत्मिक अनुभूति को उपेक्षा से देखने के मूल में पश्चिम के पास इसके अतिरिक्त कोई ठोस आधार नहीं है कि आलोचनात्मक संदेहवादी उसका अध्ययन है जो उसे प्राचीन यूनानी दर्शन से प्राप्त हुआ। पाश्चात्य मनस् ने विज्ञान, तर्क, नैतिकता और मानवता को अपने परम्परागत गुणों के कारण सहज ही अपना लिया है। राधाकृष्णन ने इसके विपरीत सत्य को पहचानने के लिए सहजबोध को अधिक महत्त्व और आवश्यक माना। इन्होंने सृजनात्मक सहजबोध को अत्यंत महत्त्व दिया क्योंकि इसके द्वारा मानव सत्य की अभिव्यक्ति के विषय में सचेत हो जाता है। लेकिन यहाँ महत्त्वपूर्ण रूप से उल्लेखनीय है कि पूर्व और पश्चिम के बीच के सेतु होने के कारण राधाकृष्णन के अनुसार इस आधार पर उनके तथा पश्चिमी विचार के बीच कोई चरम रेखा नहीं खींची जा सकती। यह मात्र दोनों की विशिष्टता है।

मानवतावादी दृष्टिकोण से सहजबोध की महत्ता को स्पष्ट करने में राधाकृष्णन ने माना है कि किसी भी प्रकार के गहन ज्ञान को व्यक्ति बिना

सहजबोध के प्राप्त नहीं कर सकता। इसका स्पष्ट प्रमाण आज के युग का साहित्य, कला और दर्शन है। मनुष्य को उचित प्रेरणा देने और उसे आनंदित करने में ये असमर्थ हैं क्योंकि उनकी जन्मदात्री अनुभूति गहनतम नहीं है। वह रचना श्रेष्ठ है जो दिव्य अनुभूति का रसास्वादन करती है। वह ज्ञान सज्जा है जो अंतर्मन से स्फुटित होता है। सहजबोध के बिना जीवन के किसी भी क्षेत्र का समुचित ज्ञान और सत्य का आकलन असंभव है। आज आवश्यकता है कि हम सहज बोध को समझे तथा उसके मूल्य और उपयोगिता पर ध्यान दें। जीवन को शुभ बनाने के लिए उसे बुद्धि के साथ ही सहजबोध से नियमित करें। सहजबोध ही उस एकता, शांति और कल्याण की विश्व में स्थापना कर सकता है जिसके बिना मानव-जीवन दिनों-दिन अंधकारमय होता जा रहा है। सहजबोध उन सार्वभौम मुख्य मूल्यों को देता है जो स्वत: प्रमाण्य है। उसकी सत्यता का न तो प्रश्न उठता है और न वह तार्किक पद्धति से सिद्ध ही किया जा सकता है। यह उन मान्यताओं की ओर हमें ले जाता है जिनके बिना जीवन निरूद्देश्य और घृणित हो जाएगा। राधाकृष्णन ने स्पष्ट शब्दों में कहा है—''जीवन के उत्कृष्टतम् क्षणों में प्राप्त सहजबोध ही मानव की गहराइयों को उनकी यथार्थता में व्यक्त करता है। मानवीय प्रकृति की यथार्थता को उसकी प्रेरणा के न्यूनतम क्षणों में देखना और उत्कृष्टतम् क्षणों में उसे देखने का यत्न न करना सर्वथा अनुचित है।''

वस्तुत: वर्तमान युग विश्व-शांति, विश्व-ऐक्य सह-अस्तित्व और सह-जीवन की पुकार कर रहा है। लेकिन यह संवेध ज्ञान और विवेक की दृष्टि से रिक्त ध्वनियाँ हैं। संवेध ज्ञान और विवेक जगत् को बाह्य भाव से संबंधित विषयों की विविधता मानते हैं। तर्क इस विविधता को परम नहीं मानता। वह विविधता को संगतिमय देखता है, जगत् को व्यवस्थित समग्रता तथा तर्क-संगत अनेकता मानता है, यह ज्ञान की आवश्यकता है। राधाकृष्णन के विचार में ज्ञान की संयोजित क्रियाशीलता व्यर्थ हो जाएगी यदि हम विश्व की बौद्धिकता को अस्वीकार कर दें। राधाकृष्णन के अनुसार ज्ञान जगत् को बौद्धिक और आध्यात्मिक मानता है।

यहाँ कुछ बातें विशेष महत्त्व की है :

(1) सर्वप्रथम राधाकृष्णन के अनुसार विश्व की सुसंगठित संगति की धारणा तार्किक निष्कर्ष मात्र नहीं है। यह आस्था आत्मिक विश्वास है जो हमें ऐसे निष्कर्ष की ओर ले जाता है। आत्मा स्वयं एकता है, यह प्रकृति के विधान में

संगति और एकता देखती है। ऐसी स्थिति में विचार मनुष्य की चेतना से निर्देशित तथा हमारे अंतर की दिव्यता से संचालित होता है। विश्व की संगति जीवन की वह अटूट धारणा है जिसे मात्र तर्क या चिह्न से नहीं समझाया जा सकता है। यह बुद्धि सम्मत अवश्य है किंतु मात्र बुद्धि द्वारा उपार्जित नहीं है। यह सहजबोधजन्य है। सहजबोध उतना ही समर्थ है जितना कि जीवन, जिसकी आत्मा से यह व्युत्पन्न हुआ है। सहजबोध बतलाता है कि विश्व आध्यात्मिकता विधान है, यद्यपि इसके बारे में स्पष्ट और संगतियुक्त तार्किक प्रमाण नहीं दिया जा सकता। वास्तव में सहजबोध द्वारा हम उस एकता और संगति के प्रति सचेत हो जाते हैं जिसे आलोचनात्मक बुद्धि प्राप्त करने का प्रयास करती है।

(2) यह ठीक है कि जगत् की आध्यात्मिक संगति पर जो गहन आस्था है, उसकी तार्किक व्याख्या करना असाध्य है, लेकिन इससे यह निष्कर्ष नहीं निकाला जा सकता कि सहजबोधजन्य ज्ञान अवांछनीय है। राधाकृष्णन के अनुसार सहजबोधजन्य ज्ञान का न तो निराकरण संभव है और न ऐसा करना मनुष्यों के हित में ही है। इनके विचार में यदि हम सहजबोध के स्वयंसिद्ध, स्वतः प्रमाण्य सार्वभौम प्रमेयों को नहीं अपनाएँगे तो जीवन असंभव हो जाएगा। वस्तुतः श्रेष्ठतम वांछनीय धारणाएँ, शुभत्व, संगति और सौंदर्य तथा आनंद की धारणाएँ सहज बोधजन्य है। ये बुद्धि द्वारा सिद्ध नहीं की जा सकती, किंतु ये अबौद्धिक और मिथ्या भी नहीं है। इनकी सार्थकता अनुमोदन सहजबोध करता है। वास्तव में ये आत्मा के अनुभव, सहज प्रेरणाएँ और बोध हैं। ये उतने ही विवेकसम्मत हैं जितना भौतिक विश्व है। इन्हीं का अवलंबन लेकर हम कहते हैं कि जीवन अर्थगर्भित एवं प्रयोजनीय है। जीवन में निराशा के लिए कोई स्थान नहीं है। हम जीवन को सार्थक, शुभ और सुंदर बना सकते हैं।

स्पष्ट है कि राधाकृष्णन की यह ज्ञान-मीमांसा, जो उनकी आध्यात्मिक तत्त्व-मीमांसा का आधार तो है ही, उनकी मानवतावादी चेतना का भी मूल आधार स्तंभ है। इसी के आधार पर उन्होंने मानव में अंतर्निहित उस ज्ञानात्मक क्षमता को स्पष्ट करने का प्रयास किया है जिसे देख पाने में वैज्ञानिक मानवतावादी सफल नहीं हो पाए। इसी क्षमता से युक्त होकर ही मानव उस परम सत् के साथ एकात्म अनुभूति प्राप्त करने में सफल हो पाता है जो उसके जीवन का चरम लक्ष्य है।

आचार मीमांसा

राधाकृष्णन की आचार मीमांसा मूलत: उनकी अंत: प्रज्ञामूलक ज्ञानमीमांसा तथा आध्यात्मवादी तत्त्वमीमांसा पर आधारित है। उनकी आचारमीमांसा का केन्द्र-बिंदु मनुष्य ही है। अत: इसे मानव केन्द्रित कहा जा सकता है। अब तक के विवेचन से यह बात स्पष्ट है कि राधाकृष्णन ने मनुष्य के अध्ययन को ही अपने दर्शन का मूल विषय माना है, उनके अनुसार प्रकृति, जगत्, ईश्वर इत्यादि अन्य सभी विषयों का अध्ययन अंतत: मनुष्य के ही अध्ययन के साधन मात्र हैं। मनुष्य की उत्पत्ति, उसके विकास, स्वभाव तथा ब्रह्मांड में इसके स्थान को जानने के लिए ही हम अन्य सभी विषयों का अध्ययन करते हैं। आचार मीमांसा का संदर्भ भी यह मनुष्य ही है। राधाकृष्णन के अनुसार प्राकृतिक परिवेश में पले मनुष्य में भूख, प्यास, काम, भय, निद्रा की नैसर्गिक प्रवृतियाँ एवं इच्छाएँ प्रभावी हैं, किंतु उनके साथ ही उसमें विद्यमान विवेक, तर्क-बुद्धि, अंत:प्रज्ञा, नैतिकता एवं सौंदर्य चेतना के बलवती प्रभाव इस मनुष्य को न केवल पशु से पृथक करते हैं, अपितु उसकी अपेक्षा अधिक उत्कृष्ट भी बनाते हैं। उनके अनुसार मनुष्य की विशेषता और महानता इसी में है कि वह अपने उच्चतम मानसिक तथा नैतिक गुणों के अनुरूप आचरण करे। लेकिन ध्यात्वय है कि राधाकृष्णन कभी भी नैसर्गिक, शारीरिक इच्छाओं की अवहेलना करने की बात नहीं करते। इनका स्पष्ट अभिमत है कि मनुष्य को अपनी नैसर्गिक शारीरिक इच्छाओं की भी उपेक्षा नहीं करनी चाहिए, क्योंकि ये इच्छाएँ भी उसके स्वभाव का अनिवार्य अंग है और इनका निषेध करना मानव-स्वभाव के विरुद्ध आचरण करना होगा। लेकिन इनकी दृष्टि में यहाँ जो आवश्यक है वह यह कि मनुष्य को अपनी नैसर्गिक इच्छाओं की पूर्ति ऐसे संयमित ढंग से करनी चाहिए कि इसके फलस्वरूप स्वयं उसका तथा समाज का हित हो। उसे आत्मपूर्णता प्राप्त हो तथा उसे मन की शांति प्राप्त हो सके। राधाकृष्णन ने स्पष्ट शब्दों में कहा है—''अनुशासन मानव लक्ष्य की प्राप्ति के क्रम में अनिवार्य है। मन एवं शरीर की परिशुद्धता पूर्णता के साधन हैं। मन की शांति को केवल आत्मसंयम, इच्छाओं एवं संवंगों के नियंत्रण द्वारा ही प्राप्त किया जा सकता है। इसका अर्थ यह है कि अनियंत्रित रूप से अपनी प्राकृतिक इच्छाओं की तृप्ति करना निश्चय ही अनुचित है, किंतु इन इच्छाओं का निषेध करना तथा इसका बलपूर्वक दमन करना भी उतना ही अनुचित एवं अवांछनीय है। इस

प्रकार राधाकृष्णन की आचार-मीमांसा भोगवाद तथा संन्यासवाद—इन दोनों अतिवादी सिद्धांतों का समान रूप से निषेध करती है। यह इन दोनों अतिवादी सिद्धांतों के बीच में स्थित मध्यम मार्ग को स्वीकार करने के कारण मानव-जीवन के लिए इन दोनों सिद्धांतों की आचार मीमांसा की अपेक्षा कहीं अधिक संतुलित तथा श्रेयष्कर है। इसके अतिरिक्त राधाकृष्णन की यह संतुलित आचार-मीमांसा जीवन और जगत् के प्रति उनके वैज्ञानिक दृष्टिकोण से भी पूर्णत: अनुरूप है।

यहाँ यह उल्लेखनीय है कि राधाकृष्णन की आचार-मीमांसा में मोक्ष तथा विकास—इन दोनों अवधारणाओं का विशेष महत्त्व है। इन दोनों अवधारणाओं के आधार पर उन्होंने आचार मीमांसा से संबंधित इन मूल प्रश्नों का उत्तर दिया है कि मनुष्य को अपने जीवन में कैसा आचरण करना चाहिए और उसके जीवन का परम लक्ष्य क्या है। प्राचीन भारतीय दार्शनिकों की भाँति राधाकृष्णन ने भी मोक्ष अर्थात् मुक्ति की चर्चा की है, किंतु उन्होंने 'मुक्ति' का जो अर्थ बताया है, वह सर्वथा विशिष्ट है। सर्वप्रथम इनके अनुसार 'मुक्ति' का वास्तविक अर्थ और आदर्श 'सर्वमुक्ति' है तथा उनकी दृष्टि में समस्त मानवीय प्रयासों को इसी आदर्श-प्राप्ति के लक्ष्य से प्रेरित होना चाहिए। स्पष्ट है कि राधाकृष्णन की आचार मीमांसा मूलत: परार्थवादी है तथा इसमें व्यक्ति के संकुचित स्वार्थवाद के लिए कोई स्थान नहीं है। अपने इस स्वरूप के कारण यहाँ यह मीमांसा वैज्ञानिक मानवतावादियों की आचार मीमांसा के अतिनिकट दृष्टिगत होती है, क्योंकि यहाँ भी परार्थवाद के आदर्श को ही सामने रखा गया है। लेकिन दोनों में यह मौलिक भिन्नता है राधाकृष्णन की 'सर्वमुक्ति' के आदर्श में 'परार्थवाद' का सामान्य अर्थ अभिप्रेत नहीं है। 'परार्थवाद' लौकिक जीवन में सामान्य सुख की भावना से अनुप्राणित है, जबकि 'सर्वमुक्ति' का आदर्श लौकिक-भौतिक से परे का आदर्श है। अत: वैज्ञानिक मानवतावादी विचार के अंतर्गत जहाँ परार्थवाद का यह आदर्श सुस्पष्ट ढंग से अभिव्यक्त होता है, वहाँ हमें ध्यान रखना होगा कि 'सर्वमुक्ति' एक आध्यात्मिक आदर्श है। राधाकृष्णन इन भिन्नता से अवगत थे, और यही कारण है कि उनके द्वारा इन दोनों के समन्वय का उत्कृष्ट प्रयास हुआ। इनके अनुसार यथार्थ में सामाजिक शुभ एवं आध्यात्मिक शुभ दोनों में कोई विरोध नहीं है। मनुष्य के आंतरिक विमर्शों में जो महत्त्वपूर्ण है, वह है अंह को उसकी संकीर्णताओं के ऊपर उठाने का प्रयास। मानवीय अहं के ऊर्ध्वगमन का यह प्रयास परामर्थवाद एवं सभी वस्तुओं में परम आध्यात्मिकता का बोध—दोनों का

अपने में समावेश करता है। यहाँ राधाकृष्णन ने सेवा, प्रेम, उदारता एवं दयालुता प्रभृति सामाजिक एवं परार्थवादी आदर्शों की प्राप्ति की अनुशंसा की है, क्योंकि यह प्राप्ति अहं को उसकी सीमाओं के ऊपर उठाकर सर्वहित के व्यापक दायरे में ले जाता है। राधाकृष्णन ने स्पष्ट शब्दों में कहा है—"मानव व्यक्ति शरीर, मन और आत्मा से बना है। इनमें से प्रत्येक को अपने लिए समुचित पोषक तत्त्व चाहिए। शरीर—भोजन और व्यायाम द्वारा चुस्त रहता है; मन—विज्ञान और आलोचना द्वारा संज्ञान रहता है और आत्मा—कला और साहित्य द्वारा, दर्शन और धर्म द्वारा प्रबुद्धि रहती है। यदि मानवता की आत्मा का विकास होना हो तो वह केवल उसकी सुंदरतर ऊर्जाओं द्वारा ही हो सकता है। इस संदर्भ में उन्होंने दया, करुणा, स्नेह, सहानुभूति, परोपकार, कृतज्ञता, निस्वार्थ सेवा, आत्म-त्याग इत्यादि सद्वृत्तियों को उन ऊर्जाओं के रूप में स्वीकार किया है। इन ऊर्जाओं द्वारा मनुष्य की अहं चेतना का विराट में विकास होता है तथा इस विकास के फलस्वरूप जब मनुष्य अपना विस्तृत रूप देखने लगता है, तब उसे यह बोध होने लगता है कि वह वर्तमान में प्रतीत होने वाले रूप से विशाल है, तब वह अपने भावी अस्तित्व की झलक लेता है, और उसका आजतक छिपा रूप उसके वर्तमान रूप में अधिक सत्य प्रतीत होने लगता है। स्वभावत: उसकी बोधशक्ति में परिवर्तन हो जाता है और उसकी कामनाएँ आत्मशक्ति में बदल जाती है। यह आत्मशक्ति ही उसके विस्तृत जीवन की कामना है।

कोई भी आचार मीमांसा तब तक पूर्ण नहीं मानी जा सकती जब तक उसके अंदर निर्दिष्ट मानव-कर्त्तव्यों की व्याख्या न कर दी जाए। इस सत्य को ध्यान में रखकर राधाकृष्णन ने मानव के नैतिक कर्त्तव्यों को भी स्पष्ट करने का प्रयास किया है। इस क्रम में उन्होंने सर्वाधिक बल इस बात पर दिया है कि मानव का सर्वप्रथम नैतिक कर्त्तव्य इस सत्य का अनुभव करना है कि सभी मनुष्य एक-दूसरे पर निर्भर हैं। अत: उन्हें अपने भीतर पारस्परिक सहयोग, प्रेम, सहानुभूति इत्यादि परोपरात्मक भावनाओं को निरंतर विकसित करना चाहिए जिससे संपूर्ण मानव जाति का जीवन आनंदमय हो सके। राधाकृष्णन ने स्पष्ट शब्दों में कहा है—"जो व्यक्ति देश व मानव-मात्र के कल्याण के लिए जीता है, वह अपने मार्ग के कष्टों को कुछ नहीं समझता। कल्याणमय जीवन बिताना सबके लिए जीना है। सुख से अकेले का संबंध है, किंतु कल्याण से मानवता का संबंध है। कल्याण और पूर्ण कल्याण में जीना, असीम में अपने जीवन की अनुभूति पाना

है। जीवन का यह बहुत ही व्यापक अर्थ है जिसे हम आत्मिक दृष्टि से जीवन की पूर्णता को अनुभव करते व देखते हुए ही समझ सकते हैं।

इस प्रकार राधाकृष्णन की आचार मीमांसा आध्यात्म के रंग से अभिरंजित, एवं आत्मिक पूर्णता के महत्त्वपूर्ण उद्देश्य से संचालित एक ऐसी मीमांसा है जिसमें मानव-जाति के केवल भौतिक हित का ही नहीं, वरन् आत्मिक उन्नति की आवश्यकता पर भी बल दिया गया है। अत: इनकी यह आचार मीमांसा वैज्ञानिक मानवतावाद की आचार मीमांसा की अपेक्षा निश्चय ही कहीं अधिक व्यापक है। वैज्ञानिक मानवतावाद का लक्ष्य एक अधिक सुंदर संसार बनाना, अधिक शांत एवं समृद्ध, खुशहाल एवं स्वस्थ मानव जीवन एवं समाज की संरचना, करने पर सकेन्द्रित है, जिसके संबंध में माना गया है कि इस लक्ष्य की प्राप्ति नैतिक जीवन के माध्यम से होती है। राधाकृष्णन ने कभी भी अधिक सुंदर संसार की संरचना को अंतिम लक्ष्य नहीं माना, बल्कि इनके अनुसार एक कदम और आगे बढ़कर बंधन में जकड़ी आत्मा के लिए शाश्वत् शांति एवं आनंद को जीवन का चरम लक्ष्य स्वीकार किया गया। इसका यह अर्थ नहीं है कि उन्होंने सांसारिक लक्ष्य की अवहेलना की है। उन्हें उसकी पूर्ण अभिज्ञा थी कि संसार एवं सांसारिक जीवन के विकसित हुए बिना इससे परे की कोई बात अर्थहीन होगी। यही कारण है कि उनके द्वारा नैतिक मूल्यों पर यथेष्ठ बल दिया गया। आध्यात्मिक बोध की दिशा में अग्रसर होने के क्रम में नैतिक जीवन को सम्मानजनक स्थान प्रदान करने की प्रयत्नशीलता इनमें स्पष्ट रूप से देखी जा सकती है। उन्होंने स्पष्ट शब्दों में कहा है कि जब तक हम अपनी यात्रा के अंत या मंज़िल पर नहीं पहुँचते, तब तक हम कर्म के कानून से बँधे हैं, जिसका अर्थ यह है कि हमारी आकांक्षाएँ एवं कर्म हमारी प्रगति का नियंत्रण करते हैं।

निष्कर्षत: राधाकृष्णन का दर्शन आध्यात्म की चेतना से अनुप्राणित एक मानवतावादी दर्शन है। इस दर्शन के सभी पक्षों की धुरी या केन्द्र एक ही है और वह है मानव। राधाकृष्णन के अंदर बलवती मानवतावादी चेतना को इनकी अन्य अवधारणाओं में भी स्पष्ट किया जा सकता है। अगले अध्याय में राधाकृष्णन की धर्म-अवधारणा में हम मानवतावादी तत्त्वों को सामने लाने का प्रयास करेंगे।

अध्याय 21

धर्म और मानवतावाद

डॉ॰ सर्वेपल्ली राधाकृष्णन की मानवतावादी दृष्टि के प्रणयन में इनकी धर्म-अवधारणा की भूमिका भी एक सृजक तत्त्व की रही है। द्वितीय अध्याय के विवेचन से यह स्पष्ट है कि राधाकृष्णन का मानवतावादी दर्शन युग की विकृत परिस्थितियों के प्रति एक प्रतिक्रियात्मक उपलब्धि है। यह भी स्पष्ट है कि अन्य दूसरी परिस्थितियों की भाँति धार्मिक परिस्थिति भी पतनोन्मुख थी। राधाकृष्णन ने धर्म की पतनोन्मुखता को देखा था। उन्होंने न केवल उन प्रवृत्तियों को देखा था जो धर्म के आधार को ही खंडित करने पर तुली थी, वरन् साम्प्रदायिकता के उस विकार को भी देखा था जो दीमक के रूप में धर्म के सारतत्त्व को ही चाट रहे थे। युगीन अमानवीय वृत्तियों के इसी संक्रमण ने उन्हें धर्म को स्थापित करने की प्रेरणा प्रदान की। उन्होंने न केवल धर्म-विरोधी विचार का प्रत्याख्यान किया, वरन् धर्म को मानवतावादी दर्शन के मूल आधार के रूप में भी प्रतिष्ठित करने का प्रयास किया है। यहाँ कुछ बातें उल्लेखनीय हैं। सर्वप्रथम अतीत की परंपराओं को राधाकृष्णन ने मानवता के लिए घातक बताया है। ये यह तो मानते थे कि धर्म का विकास परंपरा से ही होता है, लेकिन साथ ही इनका यह भी मानना था कि परंपरा की दासता का अर्थ होगा—धर्म का यांत्रिक रूप में अनुसरण करना। परंपराएँ अंतिम और सर्वोच्च नहीं है। यदि इसमें विकृति आ चुकी हो तो इससे ऊपर उठना ही होगा अन्यथा मानव का वह आध्यात्मिक उत्थान कदापि संभव नहीं होगा, जो मानवता का लक्ष्य है। यही कारण है कि हम पाएंगे कि अपनी मानवतावादी दृष्टि के पक्षपोषण में राधाकृष्णन ने एक ओर तो साम्प्रदायिकता की विकृत से युक्त धर्म का विरोध किया है, लेकिन साथ ही संसार के महान् धर्मों में

निहित अच्छाइयों के प्रति अपनी विनम्रता को प्रदर्शित करते हुए उनके बीच परस्पर सामंजस्यता एवं उनके सह-अस्तित्व की आवश्यकता को बलपूर्वक सामने लाने का प्रयास किया है। लेकिन यहाँ भी ध्यातव्य है कि अपनी विशिष्ट दृष्टि के उद्बोधन में उन्होंने इसकी आवश्यकता पर भी बल दिया है कि यदि मानवता को जीवित रखना है तो हमें इन सभी के ऊपर एक जीवनदायिनी धर्म को सामने लाना होगा। यही कारण है कि उन्होंने स्पष्ट शब्दों में कहा है—"हम एक जीवनदायक धर्म और जीवन दर्शन की प्रतीक्षा कर रहे हैं, जो दृढ़ विश्वास के आधार और जीवन के प्रारूप की कल्पना करे जिसे मनुष्य प्रतिष्ठा एवं आनंद के साथ अनुसरण करें।" इसकी इस प्रतीक्षा का अंत प्राप्त होता है, उनकी आत्मा के धर्म की अवधारणा में जो इनकी दृष्टि में मानव-जाति का एकमात्र सहायक, संरक्षक और संबल है, जो नैतिकता की चेतना से अनुप्राणित एवं सामाजिक आदर्शों को अपने में अंतर्विष्ठ किए वैयक्तिक एवं सामाजिक जागृति का धर्म है।

राधाकृष्णन की धर्म-अवधारणा और इसमें अंतर्निष्ठ मानवतावादी तथ्य को स्पष्ट करने के लिए हम अपने विवेचन के अंतर्गत निम्न शीर्षकों को अपना आधार बनाएंगे :

पाश्चात्य मानवतावाद

मानव, मानव-जीवन, मानव-समाज एवं संसार के संबंध में पश्चिम की मूलधारा के अंतर्गत मानवतावादी दार्शनिकों द्वारा एक विशिष्ट दृष्टि का संपोषण हुआ है, जिसके अंतर्गत मानव की भौतिक एवं सांसारिक उन्नति को मानव-जीवन का चरम आदर्श स्वीकार किया गया है। इसी दृष्टि के संपोषण में यहाँ भौतिक रूप से समृद्ध, स्वस्थ एवं शांत समाज की स्थापना पर बल दिया गया। मानव जीवन के इसी आदर्श को सामने रखकर यहाँ इस प्रकार के सामाजिक एवं नैतिक परिष्कार की वकालत की गई है जो एक शुभ, खुशहाल एवं समृद्ध मानव-जीवन के कारण इसने किसी अतिप्राकृतिक अथवा आध्यात्मिक परिलोक को स्वीकृति प्रदान नहीं करते हुए अपने समस्त विचार और भावनाओं की एक खुशहाल संसार एवं सांसारिक जीवन की परिस्थितियों के निर्माण के प्रति समर्पित किया है। समर्पण की यह भावना इसमें इतनी वेगवती है कि यह उन सभी अवरोधों को तोड़ने के लिए कटिबद्ध है जो इसकी दृष्टि में इस लक्ष्य के बाधक हैं। धर्म भी इन्हीं बाधकों में से एक के रूप में स्वीकृत हुआ है। आधुनिक

मानवतावाद धर्म को मानवता के उन्नयन में एक अभिशाप मानता है। अंधविश्वास एवं पाप के तत्त्वों को अपने में अंतर्विष्ठ किए धर्म, इसकी दृष्टि में, दलितों एवं पीड़ितों का शोषक है। यह दलितों एवं पीड़ितों को उनके आर्थिक अधिकारों से यह धोखापूर्ण आश्वासन देकर वंचित करता है कि इस जन्म के अभाव की पूर्ति परलौकिक जीवन अथवा अगले जन्म में होगी। स्पष्ट है कि इसकी दृष्टि में धर्म और कुछ नहीं, वरन् दलित समाज को सम्मोहित करने की एक दुर्भाग्यपूर्ण औषधि है। यह अफीम की वह गोली है जिसे चाटकर मानव विवेकशून्य हो चुका है, और अपनी इसी विवेक शून्यता के कारण दिग्भ्रमित हो अपना वास्तविक आदर्श और लक्ष्य भूल बैठा है। वह सत्य को खो चुका है, क्योंकि इस सत्य को धर्म ने अपने काले चादर से आवृत कर लिया है।

स्पष्ट है कि पश्चिमी मानवतावाद की मूलधारा में धर्म का विरोध वेगवती है, इसकी दृष्टि में धार्मिक जीवन केवल अटकलबाजी, भ्रम तथा प्रवंचना है। अत: धर्म को स्वीकार करना न केवल अनुचित है, वरन् दुर्भाग्यपूर्ण भी है। धर्म निरर्थक है, मानव जीवन में न तो इसकी सार्थकता है, और न अनिवार्यता ही क्योंकि धर्म के जिम्मे सौंपे गए सारे आचरण की संहिता द्वारा सुचारू रूप से संपादित हो सकते हैं। निष्कर्ष यही है कि मानव जीवन की सार्थकता धर्म के दास होने में नहीं वरन् धर्मनिरपेक्ष होने में है।

राधाकृष्णन द्वारा सर्जित मानवतावादी दृष्टि में पाश्चात्य् मानवतावादियों की यह तथाकथित धर्मनिरपेक्ष मनोवृत्ति के प्रति न केवल असहमति प्रकट की गई है, वरन् इससे विरोध को एक समुचित उत्तर देने का श्लाघ्य प्रयास किया है। इनके विचार में तथाकथित धर्म-निरपेक्षता के पोषण में वैज्ञानिक मानवतावादियों का यह धर्म-विरोध वास्तव में विज्ञान के प्रति इनके अंधविश्वास एवं धर्म के प्रति पूर्वाग्रह की देन है। इनके अनुसार अपने इस पूर्वाग्रह से ये दार्शनिक इतने अधिक ग्रसित हैं कि ये स्वयं नहीं जानते कि ये क्या कर रहे हैं। ये समझ रहे हैं कि धर्म का विरोध कर उन्होंने मानवता का हित किया है, जबकि तथ्य यह है कि पूर्वाग्रह से अंधे होकर वास्तविकता को जाने बिना, अपने धर्म-विरोध से ये मानवता का कितना अधिक अहित कर रहे हैं। ये स्वयं इससे अनवगत हैं। सत्य यही है कि धर्म में ही मानव-अस्तित्व की परिपूर्णता है। इस निष्कासन का परिणाम भी आज स्पष्ट दृष्टिगोचर हो रहा है, आज संसार में सर्वत्र एक विशेष प्रकार का संकट व्याप्त है, और वह संकट है—'मानव-बोध का संकट।' आज का मानव-जीवन

की आंशिक पूर्णता को समझने में असमर्थ हो चुका है। यह केवल बुद्धि को महत्त्व दे रहा है। वह ज्ञान की खोज ज्ञान के लिए कर रहा है, न कि सत्य की प्राप्ति के लिए। फलस्वरूप वह अपनी आंतरिकता का मूल दिशाहीन हो चुका है भौतिक सुख एवं समृद्धि की उत्कट लालसा ने उसे विस्मृत कर दिया है, और उसके इस विस्मरण का ही यह परिणाम है कि उसके समस्त क्रिया-कलाप प्रयोजनहीन एवं दिशाहीन होते जा रहे हैं। उसके सामने आदर्श है—'विज्ञान।' राधाकृष्णन का विज्ञान से बिल्कुल वैर नहीं है, उन्होंने यह माना है कि विज्ञान अपने आप में महान् है एवं उसके अंवेषण महानतर। लेकिन दुर्भाग्य यह है कि लक्ष्यहीन बुद्धि अब इन महान् अंवेषणों को धूल में मिला रही है; बिना उचित मार्गदर्शन के विज्ञान गुह्यांधकार में भटक रहा है। इसने भौतिक सुख-सुविधा तथा उस अधीनता को स्वीकार कर लिया है, जो आत्म विनाशक है।

अत: धर्म के इस विरोध को स्वीकृति नहीं दी जा सकती। राधाकृष्णन के विचार में इस धर्म-विरोध की स्वीकृति का ही यह दुष्परिणाम है कि सारे संसार पर आर्थिक व्यवस्था ने अपना आधिपत्य जमा लिया है। इसका ही यह दुष्परिणाम है कि भोग-विलास के लिए निरंकुश लालसा जन-जीवन में बर्बरता को प्रोत्साहन दे रही है। लोगों के मन में ईश्वर और आत्मा के लिए वितृष्णा पैदा हो गई है। आज का संसार जन-मन के कोलाहल का संबल बन चुका है। इसमें कहीं कुछ भी निश्चिंत नहीं है। मनुष्य के पास न तो संबल है, न आश्वासन और न निश्चिंतता ही। मानव-जीवन धर्म-विरक्त और उच्छंश्रृखल हो गया है, लोगों में कोई उत्साह नहीं है। उनका भाव अपेक्षा और विद्रोहपूर्ण हो गया है, यह ठीक है कि जीवन भौतिक दृष्टि से समुन्नत हुआ है, लेकिन नियम विधान के अभाव में दिशाहीन। राधाकृष्णन की दृष्टि में जीवन के इस अभिशाप का कारण सतयता-धर्म का निराकरण है। दिव्यता के निषेध ने ही आत्मा के जीवन को असाध्य रोगों से संक्रमित कर दिया है। हमें यह ध्यान रखना होगा कि वास्तव में जीवन का उद्देश्य केवल भौतिक सुखों का भोग ही नहीं, वरन् आत्मिक शांति एवं आनंद भी है।

अत: धर्म न केवल अपेक्षित है, वरन् अनिवार्य भी। बिना धर्म के मनुष्य वास्तविक सुख को प्राप्त नहीं कर सकता। यह वास्तव में आश्वासन और पूर्णता चाहता है वह निर्भरता और सहारा चाहता है, और इस निश्चयात्मकता एवं पूर्ण आश्वासन की प्राप्ति धर्म द्वारा ही हो सकती है। अत: धर्म को तो अस्वीकार करने

का प्रश्न ही नहीं उठता है। राधाकृष्णन का मानना है कि वैज्ञानिक मानवतावाद प्रभृति धर्म-निरपेक्ष, विचारधाराएँ चाहती हैं कि हम धन और भोग की आराधना करें अथवा वर्ग या राष्ट्र की। अत: धर्म के होने अथवा न होने का प्रश्न ही नहीं उठता है, वरन् प्रश्न तो यह है कि धर्म किस प्रकार का हो? इनका स्पष्ट एवं निश्चित अभिमत है कि 'एक विचार पद्धति के लिए, एक ऐसे प्रयोजन के लिए जिससे हमारे नाजुक एवं क्षण-भंगुर अस्तित्व को सार्थकता प्राप्त हो सकेगा। धर्म की कितनी आवश्यकता है, इसे सिद्ध करने के लिए किसी लंबे तर्क-वितर्क की आवश्यकता नहीं है। धर्म मानव-प्रकृति का आभ्यंतर तत्त्व है, प्रश्न केवल यह है कि धर्म का स्वरूप क्या है।

राधाकृष्णन द्वारा उठाए गए इस प्रश्न का उत्तर उनकी धर्म-संबंधी अवधारणा के मूल में तत्त्वों के विश्लेषण में ढूँढा जा सकता है। इस क्रम में सर्वप्रथम इनकी उन मान्यताओं को आधार बनाया जा सकता है, जो इस अवधारणा में पूर्व मान्यताओं की भूमिका निभाते दृष्टिगत होते हैं। ये पूर्व मान्यताएँ दो कोटि की हैं—निषेधात्मक एवं भावात्मक। हमें इन दोनों पूर्व-मान्यताओं को स्पष्ट करना होगा :

राधाकृष्णन की धर्म-संबंधी पूर्व मान्यताएँ

सर्वप्रथम राधाकृष्णन के अनुसार, धर्म किसी गिरोह या संस्था, अथवा संप्रदाय या किसी विशेष भूखंड या किसी देश की थाती अथवा धरोहर नहीं है। इनके विचार में मनुष्य अपनी आवश्यकता अथवा अभिरूचि के अनुसार धर्म के किसी प्रचलित रूप को प्रतिष्ठित अवश्य करता है, किंतु यह बात निर्विवाद रूप से सत्य है कि 'धर्म' वास्तव में इन सभी विशेष रूपों से परे है।

द्वितीयत: धर्म के सांप्रदायिक रूप को स्वीकार नहीं किया जा सकता। इसके दो कारण हैं—(1) साम्प्रदायिक धर्म मनुष्य के दिशाहीन ढंगों से उत्पन्न विभिन्न ठहराव के बिंदु हैं। इन सभी को 'धर्म' की संज्ञा दी जाती है क्योंकि वे धर्म की वास्तविकता को अपने-अपने आंशिक ढंगों से पकड़, उसे ही महत्त्व प्रदान कर, उसी पर अपने जीवन को ढालने का प्रयास करते हैं। किंतु यदि ठहराव के विभिन्न बिंदुओं को समझने की चेष्टा की जाए तो ऐसी स्थिति में हमें इनके बाह्य रूपों का भेद, उस प्रकृति को समझना होगा जो वास्तव में ठहराव के इन बिंदुओं को पकड़ने का आधार है। यही आधार राधाकृष्णन की दृष्टि में धर्म

की आत्मा है, अत: इनके अनुसार धर्म वह नहीं है जो कि विधि-विधानों, परिपाटियों के रूप में प्रचलित है। उन्होंने स्पष्ट शब्दों में कहा है—''धर्म के बाहरी घेरे, छिलके या प्रचलित आकार को सत्य मानना भूल है। न केवल हिन्दू धर्म वरन् किसी भी धर्म को उसके प्रचलित आकार में पूर्ण सत्य मानना अपने ही ज्ञान के छिछलेपन को अभिव्यक्त करना है। हमें धर्म के आकारिक सत्य और शाश्वत् आधार को समझना चाहिए।

भावात्मक पूर्वमान्यताएँ

उपर्युक्त विवेचन से स्पष्ट है कि राधाकृष्णन की धर्म-संबंधी निषेधात्मक पूर्व मान्यताओं का मूल सार यही है कि धर्म को मताग्रहों के ज्ञान और साम्प्रदायिक निष्ठा से अलग करके देखना होगा। इसी सत्य ने इनकी धर्म-संबंधी अवधारणा की भावात्मक पृष्ठभूमि तैयार करने में महत्त्वपूर्ण सहयोग दिया है।

सर्वप्रथम राधाकृष्णन के अनुसार 'धर्म' का अर्थ है—'परम आध्यात्मिक मूल्यों तथा उन्हें प्राप्त करने के ढंग में आस्था।' इस आस्था में परमात्मा के प्रति उन्मुखता निहित है, अत: यह विश्वास निहित है कि परात्मकता की अनुभूति संभव है। यही कारण है कि श्रेष्ठ धर्मों के आधार वे सत्य बने हुए हैं जिन्हें पैगम्बरों, द्रष्टाओं ने देखा तथा समझा था। अत: कहा जा सकता है कि धार्मिक अनुभूति की भावात्मक वास्तविकता में आस्था ही धर्म का वास्तविक स्वरूप है, उसका सार रूप है।

पुन: धर्म मत-मतान्तरों के प्रति आग्रह नहीं, वरन् एक साधना है, एक जीवन-पद्धति है जिसके माध्यम से व्यक्ति अपने अंतर के संगी तथा परम सत्ता का साक्षात्कार करता है। यह मनुष्य का उसके चरम लक्ष्य, दिव्यत्व की ओर विकास है। यही कारण है कि राधाकृष्णन ने स्पष्ट शब्दों में कहा है—''धर्म एक आध्यात्मिक रूपांतरण है, एक आध्यात्मिक परिवर्तन है। हमारे अपने स्वभाव के विसंवादी स्वरों में सामंजस्य लाने की क्रिया है।''

अत: धर्म किसी मत या नियम-संहिता का नाम नहीं है, यह तो सत्य की प्राप्ति का एक साधक है। सत्य विश्वव्यापी, निराकार, असीम तथा अद्वितीय है। यह आंतरिक पूर्णता है, न कि बाह्य प्राप्ति एवं उपलब्धि। धार्मिक जीवन किसी समस्या का समाधान नहीं है। यह सत्य की अनुभूति, बुद्धत्व या परम प्रकाश की प्राप्ति है। धर्म वास्तव में अंधकार से प्रकाश की ओर जाना है, आत्मोद्धार हीनता

से आत्मोद्धार की स्थिति में पहुँचना है। यह एक प्रकार का जागरण है, एक प्रकार की पुनर्जन्मता है। राधाकृष्णन के अनुसार अंधकार से प्रकाश की ओर जाने के इस प्रयास में 'अपने से ऊपर उठने' को एक चेतना प्रेरणा निहित है। वस्तुत: राधाकृष्णन के अनुसार, मानव के 'अंतर' में कुछ है जो मानव के दृश्य रूप से उच्चतर है। वही 'कुछ' सत् रूप है, जो मानव-आत्मा में स्थित है तथा वही मानव के सीमित एवं असीम रूपों के बीच सेतु-रूप है। इसी तथ्य का बोध धर्म के सार-रूप का बोध है।

राधाकृष्णन की इन पूर्व मान्यताओं से सर्जित धर्म-संबंधी इनकी दृष्टि को इन्हीं के शब्दों में निम्नत: व्यक्त किया जा सकता है :

हमारे लिए धर्म साम्प्रदायिक अनुरूपता या रीतिगत पवित्रता नहीं है, बल्कि हमारे स्वभाव का पुन: परिवर्तन, हमारे व्यक्तित्व का निखार है : जो हम हैं, उससे कुछ और बनना है। यह जगत् के अंतिम रहस्य में भाग लेना है।

जब धर्म की पहचान इस प्रकार के दृष्टिकोण से होती है, तो पथिक प्रतिद्वंद्विताएँ और मतवादी संघर्ष हमारे लिए अप्रासंगिक या अर्थहीन हो जाते हैं।

अध्याय 22

सच्चा धर्म : आत्मा का धर्म

स्पष्ट है कि राधाकृष्णन धर्म के बाह्य रूप या परम्परागत धर्म से संतुष्ट नहीं है। धर्म के संबंध में इनकी चेतना अत्यंत व्यापक है, क्योंकि उन्होंने जिस धर्म की परिकल्पना की है, वह सभी धर्मों में अंतर्निहित है जो व्यक्ति को उसकी आत्म-चेतना के सम्मुख लाता है। इनके विचार में सच्चा धर्म औपचारिक धर्मों से उच्चतर है। यह मानव-प्रकृति को रूपांतरित कर देता है एवं मनुष्य को उसकी आत्म-सत्ता के साथ संयुक्त करता है। यह मनुष्यों का नैतिक, सामाजिक एवं आध्यात्मिक रूपांतरण कर देता है एवं सत्य के साथ समागम के लिए उन्मुख कर देता है। यह मानवीय प्रकृति का स्थायी तत्त्व हैं जो पूर्ण अभिव्यक्ति प्राप्त करने के लिए किसी भी कीमत को अधिक नहीं मानता, और जो आत्मा को तब तक संपूर्णत: व्याकुल कर देता है जबतक वह स्वयं को नहीं प्राप्त कर लेता।

अत: राधाकृष्णन के अनुसार सच्चा धर्म मानव के आंतरिक एवं शाश्वत् स्वरूप की अभिव्यक्ति है। मानव-विवेचन में राधाकृष्णन ने खुले शब्दों में यह स्पष्ट किया है कि मानव की पाशविक प्रवृत्तियों अथवा उसका जैविक पक्ष उसका शाश्वत रूप नहीं है उसका शाश्वत् रूप उसका आत्म रूप है जो वास्तव में उसके अस्तित्व का असीम अथवा ईश्व़रीय पक्ष की अभिव्यक्ति है। यह धर्म आत्मा का धर्म (रिलीज़न ऑफ स्पीरिट) है।

राधाकृष्णन 'आत्मा के धर्म' के संबंध में बहुत अधिक उच्च भावनाएँ रखते पाए जाते हैं। इनके अनुसार 'आत्मा का धर्म' आत्म परिष्कार एवं आत्मोत्थान का एक जीवंत मार्ग है। यह मनुष्य के अंतर में दैवी रूप में विद्यमान आत्म-चेतना की अभिव्यक्ति है। अत: इस धर्म में यह रचनात्मक शक्ति निहित है, जो मानव-

स्वभाव में एक आमूल परिवर्तन ला सके, उसके कर्म-विचार इत्यादि को जैविक प्रवृत्तियों के स्थान पर ईश्वरीय रूप के अनुरूप बना सके।

यह धर्म वास्तव में सत्य का अंतर्दर्शन है, आत्म-चेतना का बोध है। जिस व्यक्ति को यह अंतर्दर्शन प्राप्त हो गया है अथवा जिसे आत्म-चेतना का बोध हो गया है। राधाकृष्णन की दृष्टि में सच्चे अर्थों में वही धार्मिक व्यक्ति है, क्योंकि उसके इस बोध में वैयक्तिक आत्मा एवं परम-आत्मा के ऐक्य की अनुभूति निहित है। उसकी इस अनुभूति में सार्वभौम प्रेम एवं आनंद की अनुभूति भी निहित है।

राधाकृष्णन ने 'आत्मा के धर्म' की इस अवधारणा में उनके आध्यात्मवादी दृष्टिकोण के साथ उनके अंतर की वेगवती मानवतावादी चेतना का अद्भुत सामंजस्य विद्यमान है। इनके अनुसार इस धर्म का प्रयोजन है—'इस प्रज्ञा जगत् से, इस विभक्त चेतना वाले जगत् से, जिसमें विभेद हैं, दिव्य है—सामरस्यमय, स्वातंत्र्यमय एवं प्रेममय जीवन में विकसित होने में हमारी सहायता करना।' यह धर्म मूलत: आत्म-सत्य का अनुभव है, यह इससे जीवंत रूप में संबद्ध है। इसका कर्त्तव्य पाशविक मानव को परिवर्तित कर उसका दिव्यीकरण करना है, उसके आत्म-बल की बुद्धि तथा पाशविक प्रवृत्तियों का संयमन करना है। उसकी संकीर्णताओं का उन्नयन करना है जिससे वह स्वार्थ में परमार्थ और परमार्थ में स्वार्थ को देख सके। राधाकृष्णन के अनुसार जब तक व्यक्ति अपने भीतर और बाहर, नीचे और ऊपर, सामने और पीछे एवं सर्वत्र विश्वात्मा को प्रतिष्ठित नहीं देख पाएगा, उसे पूर्ण शांति नहीं मिल पाएगी क्योंकि निम्न, अमानवोचित प्रवृत्तियाँ तथा पाशविक प्रवृत्ति उसे कटुता, घृणा, विद्वेष इत्यादि से दंडित करती है। यहाँ ध्यातव्य है कि अकल्पित पूर्णता, असिक्षित स्वतंत्रता और अपूर्व आनंद मनुष्य के पहुँच की भीतर ही है, यदि वह उन्हें प्राप्त करने के लिए प्रस्तुत हो। राधाकृष्णन के विचार में जीवन की पूर्णता को समझना ही आध्यात्मिक जीवन है। यह आनंद, स्वतंत्रता और पूर्ण समर्पण का जीवन है, और यही जीवन स्वर्ग है। जो इस स्वर्ग के जीवन का भागी हो जाता है, जो सर्वत्र विश्वात्मा का दर्शन करता है, वही सच्चे अर्थों में धार्मिक है और वह ही दिव्यानंद को प्राप्त करने में सफल होता है।

राधाकृष्णन ने आत्मा के इस धर्म की अनिवार्यता का बलपूर्वक प्रतिपादन किया है। इनके अनुसार आत्मा का धर्म आत्मिक सत्य का दर्शन है; यह आत्मिक सत्य ही भू-जीवन को उसके विश्व-चैतन्य का बोध कराएगा जिसकी

मानवता को आज आवश्यकता है। राधाकृष्णन मानते हैं कि यद्यपि इस धर्म का शुभारंभ व्यक्ति से होता है, लेकिन इसकी अंतिम परिणति मानव-ऐक्य और विश्व की सजातीयता में है। अत: विश्व का यह आध्यात्मिक धर्म समस्त मानवों को उस चेतना से युक्त करने को सामर्थ्य रखता है जो उन्हें एक ही परिवार का सदस्य बना देगी। वास्तव में 'वसुधैव कुटुम्बकम्' का सम्यक बोध ही मानव-जीवन के भावात्मक कल्याण के लिए विज्ञान की पाशविक शक्तियों का उन्नयन कर उन्हें साधन बना सकने की क्षमता रखता है। इस बोध को मनुष्यों में जागृत करने की शक्ति आत्मा के धर्म में है। यही कारण है कि राधाकृष्णन ने यह आशा व्यक्त की है कि आत्मा के धर्म का जब विश्व में संचरण होगा तब मानव जाति अपूर्व आनंद प्राप्त करेगी। आध्यात्मिक पूर्णता ही त्रस्त मानवता को शांति देगी।

राधाकृष्णन की धर्म अवधारणा में मानवतावादी तत्त्व

वस्तुत: मानवतावादी चेतना से अनुप्राणित राधाकृष्णन की यह धर्म-अवधारणा उनकी मानवतावादी आकांक्षाओं को तुष्ट करने का एक माध्यम है। इस अवधारणा में मानवतावादी बल को स्पष्ट करने के क्रम में हमें उसमें समाविष्ठ मानवतावादी तत्त्वों को प्रकाश में लाना होगा।

नैतिकता पर बल

मानवता का प्रमुख बल नैतिकता पर है—राधाकृष्णन इस तथ्य से अवगत थे, और यही कारण है कि धर्म में नैतिकता के बल को संरक्षित रखने के क्रम में उन्होंने धर्म का सार ही नैतिकता में निहित माना और इस प्रकार मानवतावादी भावनाओं को संरक्षित रखने का प्रयास किया है। उनके अनुसार 'धर्म का सच्चा सार नैतिकता में निहित है।' सच्ची नैतिकता और सच्चा धर्म एक-दूसरे के साथ अविच्छेद्य रूप से बँधे हुए हैं। नैतिकता के लिए धर्म का यही स्थान है, जो ज़मीन में बीज उठने के लिए जल का होता है। इस उपमा से यह स्पष्ट होता है कि नैतिकता के विकास के लिए धर्म अत्यंत आवश्यक है। दूसरी ओर नैतिकता भी धर्म के लिए सहायिकता होती है। इससे हमारे हृदय के विकार और क्लेश दूर होते हैं, जिससे हमें अपने अंत:करण में या दूसरे व्यक्ति के हृदय में उस विश्वात्मा की अनुभूति करने में कोई बाधा नहीं होती। जितना ही हम शुद्ध होने का प्रयास करते हैं, हम उतना ही अधिक विश्वात्मा के समीप आते हैं। वस्तुत:

राधाकृष्णन का अपनी धर्म-अवधारणा में नैतिकता पर इतना अधिक बल है कि उन्होंने स्पष्ट रूप से माना है कि यदि कोई भी परंपरा, चाहे वह कितनी भी प्राचीन या कितना ही उदात्त क्यों न हो, यदि वह नैतिकता के साथ मेल नहीं खाती है तो उसका त्याग कर देना चाहिए। क्योंकि 'नैतिक भाव के अभाव में धर्म का विकास कभी भी प्रभावोत्पादक सिद्ध नहीं हो सकता है।

राधाकृष्णन के अनुसार धार्मिक जीवन का अर्थ है—'आत्म चेतना का जीवन, प्रेम, त्याग, निष्ठा एवं निर्दोष आस्था का जीवन। इस धार्मिक जीवन के दो स्तर हैं—पहला 'नैतिक अनुशासन' अर्थात् 'आत्मानुशासन' का स्तर तथा दूसरा एकाग्रता, ध्यान तथा प्रेम का स्तर; जिसे धार्मिक स्तर कहा गया है। यहाँ ध्यातव्य है कि पहला स्तर अर्थात् नैतिक अनुशासन का स्तर ही दूसरे स्तर की आधारभूमि तैयार करता है। राधाकृष्णन का स्पष्ट कहना है कि मानव-स्वरूप में अनुशासन लक्ष्य को प्राप्त करने के लिए अपरिहार्य है। मन की शांति केवल आत्म-नियंत्रण, इच्छाओं और संवेगों के नियंत्रण द्वारा ही प्राप्त किया जा सकता है। इसके लिए हमें इंद्रिय-बोध की उत्तेजना, विचारों की उथल-पुथल, मनोभावों की उमड़-घुमड़ और इच्छाओं के स्पंदन से हटना होगा। वास्तव में यदि हम आत्मेच्छा से स्वयं को अलग करके शांत कर सकें और कल्पना एवं ज्ञानेन्द्रिय के चक्र को रोक सकें तो हम अपने अस्तित्व की वास्तविकता को समझ सकते हैं तथा प्रत्येक चीज को एक नए संदर्भ में देख सकते हैं।

स्पष्ट है कि राधाकृष्णन के अनुसार 'नैतिक अनुशासन' का अर्थ है—'मनुष्य द्वारा इन्द्रिय संयम, अहंकार का परित्याग एवं विनम्रता का अंगीकार, क्षमाशीलता की स्वीकृति एवं संकीर्ण घेरों से ऊपर उठकर सार्वभौम दया एवं करुणा को अपनाने की चेष्टा।' इस आधार पर कहा जा सकता है कि 'नैतिक अनुशासन' अर्थात् 'आत्मानुशासन' का अर्थ है—'स्वार्थरहित हो, त्याग के भाव के साथ सार्वभौम प्रेम के उद्भव का प्रयास।' इसी प्रयास में मानव का पुनर्निर्माण निहित है। राधाकृष्णन का कहना है—''व्यक्ति को नए साँचे में ढालने का तथा इसे फिर से गढ़ने का काम आमतौर से नैतिक अनुशासन के ज़िम्मे डाल दिया जाता है। उस अनुशासन का तकाज़ा है कि हम अपने भीतर देखें; स्वयं का कायापलट कर डालें; स्वयं को सभी बुरी प्रवृत्तियों, मानव-प्रकृति की दुष्टताओं और दुर्बलताओं से स्वच्छ कर लें और स्वयं को उदात्त बनाएँ; महानता की ओर ले चलें।''

राधाकृष्णन के विचार में धार्मिक लक्ष्य की प्राप्ति में यह अनुशासन अनिवार्य है। उन्होंने स्पष्ट शब्दों में कहा है कि इस गहन ध्यान और कठोर अनुशासन के बिना धार्मिक जीवन के आदर्श तक नहीं पहुँच सकते। वास्तविक आत्म-जीवन आसानी से नहीं प्राप्त किया जा सकता। इसके लिए हमें अपनी आत्मिक वृत्ति को विकसित करना होगा जो कि धर्म की आत्मा है तथा इसी वृत्ति से हमें इस संसार में जीना होगा।

यहाँ यह बात विशेष रूप से उल्लेखनीय है, और वह यह कि धर्म में नैतिकता के बल को प्रोत्साहित करने के क्रम में आधुनिक मानवतावादियों के समान राधाकृष्णन ने भी नैतिक शिक्षण के मूल्य एवं महत्त्व को स्वीकार किया है। वस्तुत: आधुनिक मानवतावादियों की धारणा है कि मनुष्य के अनेक सारे कुकृत्य वास्तव में अज्ञान एवं नैतिकता तथा सामाजिक संबंधों के विषय में मिथ्या धारणाओं के उत्पाद हैं, और यही कारण है कि उनके द्वारा मानव के संरक्षण एवं पुनर्निर्माण में नैतिक शिक्षण की आवश्यकता पर बल दिया गया है। इस विचार के अंतर्गत राधाकृष्णन आधुनिक मानवतावादियों के अति निकट दृष्टिगत होते हैं। इनके द्वारा, इस प्रकार के शिक्षण की आवश्यकता को प्रतिपादित किया गया और इस क्रम में भूत की परंपराओं एवं संस्कृति के अध्ययन की बलपूर्वक अनुशंसा की गई है। उनका स्पष्ट कहना है कि उन अनश्वर सिद्धांतों के जिनका विकास हमारे इतिहास में हुआ है, अध्ययन द्वारा हमें मानवीय गौरव, स्वतंत्रता एवं न्याय की रक्षा के लिए नए संस्थापक रक्षण उपायों का विकास करना होगा। उनका आह्वान है कि हम केवल अपने देश के लिए युद्ध नहीं करेंगे, अपितु सभ्यता के लिए युद्ध करेंगे और इसलिए युद्ध करेंगे कि जिससे मानव-जाति के अधिकतम हित के लिए विश्व के साधनों का सहकारी ढंग से विकास किया जा सकें। इसके लिए हमें मन को नए सिरे से शिक्षित करने और विश्वासों तथा कल्पनाओं में कुछ सुधार की आवश्यकता होगी। विश्व का तर्क और संकल्प मानव-जीवन के माध्यम द्वारा कार्य करता है, क्योंकि मानव आसपास की परिस्थितियों की शक्तियों को समझ सकता है। उसके परिचालन का पहले से अनुमान लगा सकता है और उन्हें नियमति कर सकता है।

व्यावहारिकता पर बल

राधाकृष्णन की धर्म-अवधारणा में दो विशेषताएँ उल्लेखनीय हैं—एक तो

इसका व्यावहारिक स्वरूप तथा दूसरा इसके आदर्श में सामाजिक आदर्शों का समावेशन। ये दोनों विशेषताएँ ही मानवतावादी दृष्टिकोण से इस अवधारणा को अत्यंत ही महत्त्वपूर्ण बना देती हैं। धर्म में व्यावहारिकता पर बल देने के क्रम में राधाकृष्णन ने माना है कि धर्म तर्कबौद्धिक भिज्ञता एवं ज्ञान के प्रकाश से प्रकाशित जीवन के प्रति मानव की संपूर्ण सचेतन अभिवृत्ति का नाम है। अत: धर्ममात्र एक सैद्धांतिक अवधारणा नहीं है, जो हमारी बौद्धिक जिज्ञासा को शांत करता है, बल्कि यह तो जीवन के प्रति संपूर्ण अभिवृत्ति है; जीवन की एक अनिवार्य व्यावहारिकता है; जीने का एक सबल और आवश्यक ढंग है। यदि कोई व्यावहारिक आवश्यकताओं की पूर्ण उपेक्षा करता है तो वह धर्म ही नहीं है। सच्चे धर्म को तो अनिवार्यत: व्यावहारिक होना ही है। यही कारण है कि इनकी स्पष्ट अनुशंसा है कि धर्म को जीवन के हर पक्ष में व्याप्त होना चाहिए; सामाजिक जीवन में भी व्याप्त होना चाहिए।

धर्म के संबंध में आधुनिक मानवतावादियों का यह विचार संगत नहीं है कि मानवता की संरक्षा में धर्म का उन्मूलन अनिवार्य है। राधाकृष्णन की अवधारणा के परिप्रेक्ष्य में यह स्पष्ट है कि धर्म; यदि इसे इसके वास्तविक अर्थ में लिया जाए; मानवता का बाधक नहीं वरन् साधक है। लेकिन इस क्रम में आवश्यकता है—संकीर्णता, जड़ता एवं मताग्रहिता से ऊपर उठकर इसके व्यापक रूप को जानना। आत्मा अथवा चेतना के धर्म के रूप में राधाकृष्णन धर्म के वास्तविक स्वरूप को सामने लाए हैं। यह धर्म सांप्रदायिक संकीर्णताओं में जकड़ा कोई मताग्रही धर्म नहीं वरन् वैयक्तिक उन्नति एवं सामाजिक जागृति का धर्म है। यह धर्म जागृत मनुष्यत्व, सह-अस्तित्व, सह-बंधुत्व, सहजीवन का प्रतीक है। यह धर्म प्रकृति की दुनिया और मूल्यों की दुनिया के बीच अभिन्न आंगिक संबंध पर बल देकर हमें अपने पार्थक्य और अनित्यता से मुक्त करता है। इसलिए वह हमें बुद्धि से भी अधिक गहराई तक ले जाता है तथा मानव एवं संसार में पहले से विद्यमान सप्राण संबंध को पुन: प्रतिष्ठित करता है। अत: धर्म मानव के उन्नयन में न केवल अपरिहार्य है वरन् अनिवार्य भी।

सारांश

इस अध्याय का केन्द्र बिंदु डॉ॰ राधाकृष्णन का दर्शन और मानवता है। इसके अंतर्गत डॉ॰ राधाकृष्णन के दर्शन में बलवती मानवतावादी चेतना को

उद्‌घाटित करते हुए इसके मानवतावादी स्वरूप एवं धर्म पर प्रकाश डाला गया है। वस्तुत: राधाकृष्णन का दर्शन एक मानवतावादी दर्शन है—मानवतावादी के सरल अर्थ में भी और साथ ही इसके तकनीकी अर्थ में भी। सरल अर्थ में यह मानवतावादी है क्योंकि इसकी विचार-समस्या का केन्द्र मानव है। इनके चिंतन का विषय है—आज का मानव, जो विज्ञान प्रदत्त उपलब्धियों से अभूतपूर्व रूप में शक्ति-संपन्न होकर उन्मादित रूप धारण कर चुका है; जो भौतिक तृष्णाओं के दलदल में आकंठ डूबा हुआ है, लेकिन आत्मविस्मृत होने के कारण उसे बाहर निकालने का कोई मार्ग दिखाई नहीं दे रहा है। फलस्वरूप लालसा एवं भोग की काली पट्टियों को अपनी आँखों पर बाँधे यह अंधा मानव बाहर निकलने के लिए जितना अधिक हाथ-पैर मार रहा है, उतना ही वह इस दलदल में और गहरा धंसता जा रहा है। यहाँ उल्लेखनीय है कि यह मानव राधाकृष्णन की कल्पनात्मक क्षमता का कोई उत्पाद नहीं है, वरन् इसके पीछे है युग और युग की विघटनकारी परिस्थितियों का राधाकृष्णन द्वारा किया गया सूक्ष्म अवलोकन और इस अवलोकन से प्राप्त तथ्य इसी अवलोकन ने राधाकृष्णन के दर्शन को उसके जन्म की पृष्ठभूमि प्रदान की है।

राधाकृष्णन की मूल चेतना का प्रभाव उनके दर्शन के सभी पक्षों पर स्पष्टत: लक्षित है। उदाहरण के लिए राधाकृष्णन ने अपने तत्त्वदर्शन की प्रस्तुति में यद्यपि भारतीय परंपरा के आध्यात्मवाद को संरक्षित रखने का प्रयास किया है, लेकिन इनके इस प्रयास में मानवतावाद की चेतना बुनियादी रूप में प्रभावी रही है। इस तत्त्वदर्शन का उद्देश्य था—सत् की खोज; सत् के इस खोज में निरपेक्ष ब्रह्म और ईश्वर की अवधारणा के बल पर यह तत्त्वदर्शन अमूर्त एकतत्त्ववाद और ईश्वरवादी विश्वासों के बीच एक संतुलन बनाए रखने का प्रयास करता प्राप्त होता है। लेकिन इस प्रयास में भी जो मूल भावना प्रभावी है, वह है राधाकृष्णन की मानवतावादी भावना। इसी भावना की संतुष्टि में उन्होंने माना है कि जिसे उन्होंने ब्रह्म तथा ईश्वर कहा है, वह वास्तव में उस मूल चैतन्य से अपृथक अथवा अभिन्न नहीं है, जो मानवात्मा में स्थित है। अत: मानव ईश्वर का ही एक अंश है, उससे पृथक अथवा भिन्न नहीं। यह मानव की उदात्त गरिमा को प्रतिष्ठित करने के राधाकृष्णन के मानवतावादी लक्ष्य का स्पष्ट परिचायक है।

डॉ॰ राधाकृष्णन के दर्शन के मूल आदर्श हैं—आध्यात्म और मानवतावाद। यह दर्शन वास्तव में इन दोनों आदर्शों का एक अनूठा संयोजन है। फलस्वरूप इसका जो रूप उभर कर सामने आता है, वह है—'आध्यात्मिक मानवतावाद'।

यह आध्यात्मिक मानवतावाद कोई अमूर्त दर्शन नहीं है, न ही यह केवल समाज-दर्शन अथवा राजनीतिक या आर्थिक सिद्धांत है। मानव और उसकी समस्याओं के प्रति एक दृष्टि के रूप में प्रस्तुत इस दर्शन का संबंध मानव-जीवन के सभी पक्षों तथा मनुष्य के आध्यात्मिक अस्तित्व से है। वस्तुतः यह एक व्यावहारिक दर्शन है। इसका लक्ष्य जीवन के शाश्वत् मूल्यों की स्थापना है। इसका संबंध मानव-जीवन से है, इसका कार्य संपूर्ण आत्मा को संतोष देना है न कि मात्र बौद्धिक जिज्ञासा का समाधान करना। इसका उद्देश्य मानव-जीवन को समझना तथा इसका धर्म मानवता का दिव्यीकारण करना है।

वास्तव में यह दर्शन भारतीय मान्यता में प्रतिस्थापित 'वसुधैव कुटुम्बकम' की साकार अभिव्यक्ति है। कहा जा सकता है कि जिस विश्व-बंधुत्व को कवि मनीषी टैगोर ने अपने काव्य द्वारा वाणी दी, गाँधी ने अपने आचरण द्वारा चरितार्थ किया तथा महाबोधिसत्व ने करुणा की स्रोतस्विनी बहाकर जिसे सार्थक किया, वही राधाकृष्णन के दर्शन में अपने सार्थक रूप में प्रस्तुत हुआ है। यह उदात्त मानवतावाद है; एक विश्व-दर्शन है; पूर्व और पश्चिम को मिलाने वाला सेतु है; समस्त मानवों की सत्तात्मक एकता की ध्वजा है।

आज का संपूर्ण मानव-जीवन दुश्चिन्ताओं से घिरा हुआ है। प्रतिशोध, प्रतिद्वंद्विता, अविश्वास, संदेह, घृणा और द्वेष की नारकीय यातनाओं ने मानव-जीवन को असह्य बना दिया है। राधाकृष्णन का यह मानवतावादी दर्शन निश्चय ही निराशा के बादलों में आशा की एक किरण के रूप में प्रस्फुटित हुआ है।

अध्याय 23

सार-संक्षेप

'सादा जीवन, उच्च विचार'—यह मुहावरा सुनने में कितना मनमोहक है, परंतु इसके अनुरूप जीवन को ढालना अत्यंत कठिन है। इस मुहावरे को साकार कर जीवन में उतारने वाले डॉ॰ सर्वपल्ली राधाकृष्णन उन महापुरुषों की श्रेणी में आते हैं जिनकी कथनी और करनी में कोई अंतर न था। वे जो कहते थे, उसे करके ही दम लेते थे।

डॉ॰ राधाकृष्णन ने जीवन को कठिन तपस्या के रूप में लिया और स्वयं को इसकी आग में तपाकर कुंदन बना लिया। तदंतर उनकी चमक से संपूर्ण विश्व प्रकाशित हो उठा। वे किसी राजनीतिक दल अथवा जोशीले भाषणों के बल पर दुनिया में पूजनीय नहीं हुए, बल्कि उन्होंने इस सम्मान और ऊँचाइयों को अपनी योग्यता के बल पर प्राप्त किया। वे प्रसिद्धि के उस शिखर पर जा पहुँचे, जहाँ विरले ही पहुँचते हैं।

वे जहाँ भी रहे, अपने देश की परम्पराओं से सदैव जुड़े रहे। उनका खान-पान, रहन-सहन, पहनावा आदि सभी कुछ सादगी का परिचायक था। उनका जीवन एक शिक्षक के रूप में आरंभ हुआ था, लेकिन अपनी बौद्धिकता और योग्यता के बल पर उन्होंने एक महान दार्शनिक और लेखक के रूप में ख्याति अर्जित की। साथ ही वे एक ओजस्वी वक्ता के रूप में भी पहचाने गए। चाहे देश हो अथवा विदेश; लोग उनके वक्तव्यों एवं व्याख्यानों को सुनने के लिए सदैव ललायित रहते थे। केवल वे ही एक ऐसे भारतीय थे, जिन्होंने कठिन परिस्थितियों के मध्य अपनी बात रखते हुए भारतीय दर्शन को पश्चिमी दर्शन की अपेक्षा

सर्वश्रेष्ठ सिद्ध किया था। विश्वभर में भारतीय दर्शन को वह सम्मान दिलवाया, जिसका वह अधिकारी था।

डॉ॰ राधाकृष्णन देश के प्रति समर्पित व्यक्ति थे। जब वे काशी हिंदू विश्वविद्यालय में उपकुलपति के पद पर कार्यरत् थे, उस समय विश्वविद्यालय की आर्थिक स्थिति अत्यंत शोचनीय थी। वह क़र्ज़ के नीचे दबा हुआ था। ऐसी स्थिति में डॉ॰ राधाकृष्णन बिना वेतन लिए कार्य करते रहे। वे चाहते थे कि भारतीय संस्कृति पर आधारित यह विश्वविद्यालय अपनी आर्थिक जड़ें मज़बूत कर विकास की राह पर चले।

इसी प्रकार जब डॉ॰ राधाकृष्णन राष्ट्रपति पद पर आसीन हुए तो उन्हें दस हज़ार रुपए मासिक वेतन मिलता था। लेकिन वे मात्र ढाई हज़ार रुपए मासिक वेतन लेते थे। उनके वेतन की शेष राशि देश की उन्नति और विकास कार्यों में खर्च होती थी।

डॉ॰ राधाकृष्णन का मानना था कि मनुष्य को मनुष्य बनना चाहिए, क्योंकि यदि मनुष्य, मानव से दानव बन जाता है तो उसकी पराजय निश्चित है। यदि मनुष्य, मानव से महामानव की श्रेणी में आता है तो यह उसकी श्रेष्ठता होती है। लेकिन यदि मनुष्य मानव से मानव बनता है तो यह उसकी स्वयं पर विजय होती है।

इस प्रकार एक निर्धन परिवार में जन्मे डॉ॰ राधाकृष्णन ने जीवन की कठिन पगडंडियों से चलते हुए स्वयं को प्रसिद्धि की ऊँचाइयों पर स्थापित किया। वे अन्य लोगों के लिए मात्र प्रेरणास्रोत नहीं हैं, अपितु उनके आदर्श जीवन में उतारने योग्य हैं।